学習集団研究の現在 Vol.2

学びの集団づくりが描く「学びの地図」

目　次

「教育の方針（羅針盤）」としての学習集団づくり
　　──序にかえて──
　　　　　　　　　　　　　　　　　　　　　　　　深澤広明…1

第1部　学習指導要領の改訂と学校づくり・授業づくりの課題
第1章　授業研究が支える学校づくりと学級づくり………白石陽一…10
第2章　学習集団研究からみた「カリキュラム・マネジメント」の課題
　　　　　　　　　　　　　　　　　　北川剛司・樋口裕介…22
第3章　インクルーシブ教育を重視した校内授業研究と学校づくり
　　　　　　　　　　　　　　　　　　　　　　　　吉田茂孝…39

第2部　学習集団づくりによる教育実践の記録と指針
第1章　授業で子ども相互が理解し合うために…永江隼人・福田敦志…54
第2章　気になる子どもを中心にした授業づくり
　　　　　　　　　　　　　　　　　　玉城明子・森　久佳…70
第3章　個と集団にドラマを引き起こす教育的タクト
　　　　──算数科授業から──
　　　　　　　　　　　　　　　　　　福田恒臣・吉田成章…86
第4章　学習集団づくりをモデルとする教職員集団の形成
　　　　──まなざしの共有から真理・真実の共有へ──
　　　　　　　　　　　　　　　　　久保田みどり・深澤広明…102
第5章　地域とのつながりを生かし未来を創る人を育てる
　　　　学校づくりと授業づくり
　　　　──学びを生き方につなぐ学校づくりは地域づくり──
　　　　　　　　　　　　　　　　　　近藤　毅・八木秀文…118

第3部　学習集団研究の最前線

第1章　臨床教育学からみた学習集団研究の課題 ……………庄井良信‥138

第2章　理科の授業における認識形成と集団指導 …………大野栄三‥148

学習集団づくりが描く「学びの地図」

　　── 結びにかえて ──

　　　　　　　　　……………………………………吉田成章‥157

「教育の方針（羅針盤）」としての学習集団づくり
── 序にかえて ──

1　学習指導要領の「前文」を「教育の方針」として読む

　新しい学習指導要領を手に取ると、これまでにない「前文」が冒頭におかれている。戦後教育の出発点に試案として示された最初の学習指導要領（昭和22年版）の冒頭に「序論」がおかれていたことを想起させる。そこには、「なぜこの書はつくられたのか」の表題のもと、次のように書き始められている。

　　いまわが国の教育はこれまでとちがった方向にむかって進んでいる。この方向がどんな方向をとり、どんなふうのあらわれを見せているかということは、もはやだれの胸にもそれと感ぜられていることと思う。このようなあらわれのうちでいちばんたいせつだと思われることは、これまでとかく上の方からきめて与えられたことを、どこまでもそのとおりに実行するといった画一的な傾きのあったのが、こんどはむしろ下の方からみんなの力で、いろいろと、作りあげて行くようになって来たということである。
　　これまでの教育では、その内容を中央できめると、それをどんなところでも、どんな児童にも一様にあてはめて行こうとした。だからどうしてもいわゆる画一的になって、教育の実際の場での創意や工夫がなされる余地がなかった。このようなことは、教育の実際にいろいろな不合理をもたらし、教育の生気をそぐようなことになった。たとえば、四月のはじめには、どこでも桜の花のことをおしえるようにきめられたために、あるところは花はとっくに散ってしまったのに、それをおしえなくてはならないし、あるところではまだつぼみのかたい桜の木をながめながら花のことをおしえなくてはならない、といったようなことさえあった。また都会の児童も、山の中の児童も、そのまわりの状態のちがいなどにおかまいなく同じことを教えられるといった不合理なこともあった。しかもそのようなやり方は、教育の現場で指導にあたる教師の立場を、機

械的なものにしてしまって、自分の創意や工夫の力を失わせ、ために教
育に生き生きした動きを少なくするようなことになり、時には教師の考
えを、あてがわれたことを型どおりにおしえておけばよい、といった気
持におとしいれ、ほんとうに生きた指導をしようとする心持を失わせる
ようなこともあったのである。[1]

　ここには、戦前の教育が「上の方からきめて与えられたことを、どこまで
もそのとおりに実行するといった画一的な傾きのあった」ことを指摘し、4
月はじめの「桜の花」の事例や「児童のまわりの状態のちがいなどにおかま
いなく」教えることになっている「不合理」によって、教師たちを「あてが
われたことを型どおりにおしえておけばよい、といった気持ちにおとしいれ」
たことが反省されている。
　それから70年後、今回示された学習指導要領に「前文」がおかれたのは、
戦後教育の大きな転換点になるという意識が働いてのことだろうか。これま
では、教育の目標と内容に限定されて改訂されてきた学習指導要領が、今回
の改訂作業にあっては、これまでの「何を教えるのか」ではなく、「何がで
きるようになるのか」の「資質・能力」の育成に重点が移行し、「アクティブ・
ラーニング」や「パフォーマンス課題」、さらには「カリキュラム・マネジ
メント」といった教育の「目標−内容−方法−評価」を一体的に議論してき
た経緯をうけて、あらためて「なぜこの書はつくられたか」を説明するため
に、「前文」をおく必要があったのかもしれない。
　「前文」は、「教育は、教育基本法第1条に定めるとおり、人格の完成を目
指し、平和で民主的な国家及び社会の形成者として必要な資質を備えた心身
ともに健康な国民の育成を期すという目的のもと」と書き出され、戦後教育
が戦前の勅令主義ではなく法令主義に基づいていることの確認から始まる。
さらに、教育立国論を想起させる社会理想主義的な「よりよい学校教育を通
してよりよい社会をつくるという理念」を学校と社会が共有することを求め
て、「社会に開かれた教育課程」の重要性が述べられている。そして、学習
指導要領が「こうした理念の実現に向けて必要となる教育課程の基準を大綱
的に定めるもの」であることを確認し、教育課程の編成主体である「各学校
が、その特色を生かし創意工夫を重ね、長年にわたり積み重ねられてきた教

育実践や学術研究の蓄積を生かしながら、児童や地域の現状や課題を捉え、家庭や地域社会と協力して、学習指導要領を踏まえた教育活動の更なる充実をはかっていくことも重要である」と述べている[2]。

法令主義における「前文」の役割は、法律を制定する理念や法の精神を示している。各条項の運用は、その理念や精神のもとにおかれる。憲法において「前文」が重視されるのは、そのためである。ところで、教育基本法の改正をめぐって、旧の教育基本法（旧法）の「第1条（教育の目的）」と「第2条（教育の方針）」との「順序が転倒」しており、「旧法は、後者を前者の目的達成の方法として位置づけるものと解釈されがちであったが、後者は前者を導き出す原理であると私は解していた」と述べたのが竹内常一である。そして、「教育の方針」の後半部分で「この目的を達成するためには、学問の自由を尊重し、実際生活に即し、自発的精神を養い、自他の敬愛と協力によって、文化の創造と発展に貢献するように努めなければならない」と示される「学問との結合」「実生活との結合」「自発的精神の尊重と自他の敬愛・協力」「文化の創造・発展」といった観点から、教育の目的や教育実践のあり方を「常に問いただし、見直す必要がある」ことを問題提起している[3]。

この文脈になぞらえて、学習指導要領「前文」は、各学校が教育課程を編成するさいの「教育の方針」であり、教育実践の指針的役割をになうものと位置づけたい。さらに学習指導要領の「前文」で言及される教育基本法の「前文」も（そして、教育基本法が準拠する「日本国憲法の精神」をあらわす憲法の「前文」も）、われわれの日々の教育実践を構想し、そのあり方を検討する際の「教育の方針」となるべきものである。

新しい学習指導要領のもとで、各学校は教育課程の編成に取り組んでいる。そのさい、改訂で示された「前文」を「教育の指針」として、どのように読み込み、具体的な教育課程の編成や教育活動の実際に生かして行くかが問われている。教育のスタンダード化や授業のユニバーサル化が進行し、ある意味、戦後教育の出発点で示された「教師の考えを、あてがわれたことを型どおりにおしえておけばよい、といった気持におとしいれ」るような事態は、遠い昔話ではない。今回の改訂で一体的に論議されてきた教育の「目標－内容－方法－評価」の、個々のあり方や相互の関連について、全体をあらためて俯瞰し、検討する「教育の方針」として学習指導要領「前文」をはじ

め、教育基本法や憲法の「前文」が読まれることで、新しい教育課程の編成
や日々の教育実践に生していく必要がある。

2 「教育の方針」としての学習集団づくり

「学習集団づくり」もまた「長年にわたり積み重ねられてきた教育実践や
学術研究」の一つである授業研究のなかで、授業のあり方を「常に問いただ
し、見直す」固有な「教育の方針」を有する思想と実践として理解されてき
た。習熟度別指導等で用いられる「学習」のために編成された「集団」を説
明する普通名詞ではなく、授業で子どもたち一人ひとりの個人の尊厳と学習
権を保障するような「学習」に向かう「集団」を「つくり」だしていく課題
に取り組む教育実践を志向する固有名詞である。学習集団づくりに取り組ん
だ教育実践の古典の一冊において、その第一章で、子どもたちの「学習疎外
の状況－考えない、働かない、手をつながない子ども－」が描かれている。
巻末の「学習集団の思想－結びにかえて」において、吉本均は「学習集団づ
くり」の捉え方について次のように述べている。

> 今日のわが国に一般的にみられる学習状況、バラバラの個人主義的、
> 利己主義的な学習動機、「弱肉強食」の「野蛮な競争」状況におちいっ
> ている学級の現状を克服して、集団的民主的モラルと科学・芸術の基本
> の習得にたちむかう認識発展とを、統一的にひとりひとりに実現してい
> く授業過程の展開を、「学習集団」の形成といういい方のもとで意図し
> ているということができよう。「訓育的教授」という教育史上、しばし
> ば主張された原則が、今日のわが国においては「学習集団」をいかにつ
> くりだすか、という課題として自覚され、またそのもとで努力されてい
> るのだ、といってよいと思う。[4]

半世紀以上前の古典に描かれている子どもの「学習の疎外状況」は、歴史
的社会的制約を受けている。しかし、今日の子どもの状況と相通ずる点もあ
る。それは、近代市民社会が標榜する、たとえば「自由・平等・博愛」といっ
た理念が「課題として自覚され、またそのもとで努力されている」のと似て

いる。「つくりだす」べき課題として「学習集団」をとらえることは、そこに「教育の方針」にあたる思想や理念、授業に関する指針（教授指針）が含意されていることに注意を払う必要がある。その後の授業研究運動のなかで「学習集団」に全国の注目が集まるなかで、吉本均は「学習集団の思想」が取り組むべき実践課題として次の三点で提示している[5]。

(1) まず、授業を、歴史的、社会的実践の性格をもつものとしてとらえるということである。

(2) 「学習集団」のめざしている第二の課題は、全員の子どもを真に学習主体として形成するということである。

(3) 「学習集団」のめざしている第三の課題は、授業を断片的な知識習得に終わらせないで、知識を子どもたちの全人格的な思想、つまり、考え方、生き方にまで発展させることによって、真に訓育的教授を達成しようとすることである。

　ここに示される三つの課題、つまり（1）「社会的実践」としての授業、(2)「全員」の子どもを「学習主体」として形成する、(3)「知識習得」を「考え方、生き方にまで発展させる」ことによる「訓育的教授」の実現は、「学習集団づくり」の思想であり、教育実践のあり方を「常に問いただし、見直す」基本的な「教育の方針」である。その後の教育実践や授業研究の発展をふまえて、吉本均は、「学習集団の思想」を「学習集団に関する12の命題」としてより教育実践に即して具体化した[6]。さらに授業を「応答し合う関係の質的発展」のための「学習集団の技術体系」として、「応答し合う学習規律づくり」「応答的に働きかける発問づくり」「接続語による応答し合う過程づくり」の三つの次元における25の指針として技術の体系化を試みている[7]。その後、こうした学習集団づくりの「教育の方針」を構成する思想や課題、命題や指針は、教育実践を問い直し、構想する50の「教授学キーワード」[8] として定式化され、蓄積されるようになる。今日そうした教育遺産をふまえ、仮説的に次の七つの教授指針を学習集団づくりによる授業を構想する「教育の方針」として問題提起し、今後の理論的・実践的検討のなかで検証し、その内実を豊かにしていきたい。

（1）教育理念としての「全員参加」
（2）「応答的関係」としての授業の成立
（3）「学術研究」をふまえた教材研究
（4）「誤答（つまずき）」研究としての発問づくり
（5）「接続詞」でかかわり合う集団思考
（6）「できない・わからない」自分と向かい合う学習規律
（7）「達成と共有への願い」としての指導的評価活動

　学習集団づくりは、普通名詞ではなく、思想や指針を含意する固有名詞だといった。しかし、学習集団づくりが追究する教育実践や授業研究は、特殊なものではなく、普遍的なものである。日本の授業研究が「レッスン・スタディ」として国際的に普及することに尽力したキャサリン・ルイスは、日本でのフィールドワークをふまえて、日本の授業の特色を次のように整理している。

　　・技能（skill）は、かなり大きな意味のある遂行の一部として学ばれる
　　　傾向にある —— それ自体が目的ではない。
　　・授業は、子ども自身の考え方や感じ方を引き出すものであり、子ども
　　　たちがそれを省察（reflect）するのを助けるものである。
　　・教師は、他者の考え方や感じ方に対して支持的に応答する学習者のコ
　　　ミュニティをつくることに一所懸命である。
　　・教師は、学習の結果と同じくらい過程を強調する。
　　・真心を込めて関与すること、持続的であること、そして考え抜かれた
　　　問題解決が、子どもたちの学習の重要な目標と見なされている。
　　・振り返り（reflection：*hansei* 反省）は、教科学習の支柱である。[9]

　日本の授業は、スキル形成を意味ある学習のなかで実現しているし、子ども自身の考え方や感じ方を引き出すことで授業を構成している。そのためには、子どもたちが、他者の考え方や感じ方をサポートするような学習者のコミュニティ、つまり学習集団を形成することに教師は力を入れる。そうしたコミュニティのもとでこそ、過程を重視し、問題解決の学習を目標とするこ

ともできる。最後に、振り返りを意味するリフレクションに反省とローマ字表記を付し、教科学習の支柱としたのは、授業のなかでの取り組みを越えて、帰りの会や朝の会といった学級づくりと授業づくりの連動へと教育実践の視野を広げる。こうした日本の教室での学びこそが、日本の学習の質のよさであり、学力の高さにつながるのであって、当時のアメリカのメディアが流す「ドリルと暗記」ではないことをルイスは強調するとともに、観察した教室に掲示されていた「教室はまちがうところだ (A Classroom Is a Place to Make Mistakes)」[10] の詩を象徴的に取り上げている。

　子どもの「間違い」や「つまずき」を大切にする授業、「わからない・できない」子どもの授業への参加を生みだす授業、そして何より、子どもたちが相互に励まし合い学びに向かう集団づくりによる授業、そうした授業は、固有名詞としての学習集団づくりの授業が大切にしてきた指針でもあるが、同時にわが国で普遍的に実践されてきた授業の指標でもある。学習集団づくりによる「特別」な授業の「方式」があるのではない。授業において、「全員」の子どもたちが一人も排除されたり差別されることなく「参加」しているのか、教師と子ども、子どもと子どもが、相互に「応答関係」を切り結びながら、教科内容の習得に向けて「対話」や「討論」や「問答」を活性化させ発展させているのか、そうした通常の授業がそなえるべき基礎要件を「常に問いただし、見直す」ための教授指針として機能するところに、学習集団づくりの使命がある。今回の学習指導要領は、「学びの地図」としての活用が期待されている。地図を手がかりに、各学校が「社会に開かれた教育課程」を編成するためには、現在地を確認しつつ、どのような方向に進むべきかを「指さす」ための羅針盤が必用である。「教育の方針」としての学習集団づくりは、地域や子どもたちに根ざした教育を実現していくための羅針盤の役割を果たすべきものなのである。

註

1 ）文部省『学習指導要領一般編（試案）　昭和22年度』1947年、1頁。
2 ）文部科学省『小学校学習指導要領　平成29年3月』2017年、1～2頁。
3 ）竹内常一「教育基本法改正と教育学研究」日本教育方法学会編『教育方法43　授業研究と校内研修』図書文化、2014年、144頁。
4 ）吉本均・広島県比婆郡東城町森小学校『集団思考の態度づくり』明治図書、1966年、

240頁。

5）吉本均「学習集団の思想と実践」『学習集団の思想と実践〔別冊　授業研究〕』1970年、21 ～ 26頁参照。

6）吉本均「学習集団に関する12の命題」『学習集団研究』第三集、明治図書、1975年、155 ～ 156頁。

7）吉本均『学習集団づくり講話』東方出版、1980年。

8）吉本均『授業をつくる教授学キーワード』明治図書、1987年。

9）Lewis, C. C. : EDUCATING HEARTS AND MINDS Reflections on Japanese Preschool and Elementary Education. Cambridge University Press 1995, 2003, p.176.

10）蒔田晋治作・長谷川知子絵『教室はまちがうところだ』子どもの未来社、2004年。

（深澤　広明）

第1部

学習指導要領の改訂と
学校づくり・授業づくりの課題

第1章　授業研究が支える学校づくりと学級づくり

（白石陽一）

第2章　学習集団研究からみた「カリキュラム・マネ
　　　　ジメント」の課題　　（北川剛司・樋口裕介）

第3章　インクルーシブ教育を重視した校内授業研究
　　　　と学校づくり　　　　　　　　（吉田茂孝）

第1章

授業研究が支える学校づくりと学級づくり

1 授業研究における「一枚の指導案」の意義

「授業研究が支える学校づくりと学級づくり」と言っても、この言い方でイメージするものは人それぞれで異なるだろうから、私の問い方を限定しておきたい。私は、戦後の授業研究に積極的な発言をし続けた吉本均が提起した「一枚の指導案」[1) を軸に話を進めたい。吉本の提起をひきとり、今日に役立つように語りなおしてみたいのである。

私の大学院時代の恩師は吉本均先生である。吉本の身近にいた私は、彼の指導案に関する嘆きを何度も思い起こすのである。彼は全国各地の授業研究に何度も参加し、そのときにいつも資料（研究紀要）をもらうのだが、その中にある大量の指導案を前にして、こう嘆くのである。「自分が授業に関する原稿を書く際には、いただいた資料から指導案を引用・参照するのが礼儀なのだろうが、この中には実際の授業で使えるものはない。」

この嘆きをふり払うかのように、〈授業研究に必要なのは「一枚の指導案」なのだ〉という原則を、彼はかたくなに主張し続けたのである。ここには、授業研究の現実に対する批判と授業研究を進める際の本質が込められている。

まず、吉本の提起する「一枚の指導案」が意味するところについて、私なりに整理しておきたい。「一枚の指導案」とは、吉本のレトリックである。指導案の中核は「教師の発問－子どもの応答」を予想する「シナリオ」だ、と吉本は強調したのである。日々の授業構想や授業研究会では、最終的に「展開案」が残ればよい。指導案全体の分量が5枚も6枚もあって、展開案がB5版やA4版で1枚だけ、というのでは本末転倒である。

吉本のいう発問とは、「子どもの意見の対立・分化」を呼びおこすような

ものを言う。「対立」とは自然科学的な学びの場合であり、「分化」は人文科学的な学びの場合である。要するに、考えるためには二つ以上の意見が必要なのであり、それを教師が予想しておくことが有益だと主張したのである。

これに対して〈子どもの意見の対立といっても教師の思考の枠内での話である、教師の意図をこえる意見は想定していない〉という批判があることは私も承知している。一般論としてはこの批判は妥当性をもつが、むしろ、私としては、多忙な教師の側に立って、「最低の要求でありながら最高の課題」、「入門でありながら応用もきく」性格の指針をうちだそうとした吉本の意図を継承したい。たとえば、先の紹介した発問づくりの指針でいえば、とりあえず子どもの意見を複数ひき出せれば〈授業らしくなる〉という入門レベルから、〈討論によって教科固有の力の習得ができるか〉という応用レベルまで見通すことができる。吉本の発問論に対する先の批判に対しては、教師の枠組みをこえる「他者」である子どもを想定した対話とは何か、にまで論を進めないと生産的ではない。「他者」に向けて語ることの意味については、あとでまとめて述べる。

また、吉本は「教師の教材研究の深さが子どもを救う」と主張した。吉本が言うところの教材研究とは、教科内容研究をふまえて子どもの応答予想まで至る道筋をさす。やや教材研究の概念が広い感じを受けるが、ポイントは、教材研究の成果を「展開案」に反映させよう、ということであった。

子どもが〈自由に発言できる授業をつくろう〉という掛け声は今も昔も〈定番〉である。しかし、指導案における「応答のシナリオ」がなければ、そもそも発言をひきだすことはできない。今後「アクティブラーニング」や「主体的・対話的で深い学び」が推奨されるであろうが、「教材研究にもとづく発問づくり」がなければ、そもそも対話を導くこともできない。形だけの対話や班話し合いを授業にもちこむことは有害無益ですらある。

吉本は、班話し合いの時でも、「まず発問をしてから班話し合いを仕組む」という指針を強調した。つまり、「２つか３つに意見が対立」するから話し合いが盛り上がるか、「多様な解釈が出やすい」ので話し合いが盛り上がるか、そのいずれかを想定しないといけない。このような指針を知らないままに班話し合いをさせるとどうなるか。子どもは課題が不明なので沈黙するか、雑談のようになるか、そして教師に叱られるか、それとも〈できる〉子が〈そ

れなりの〉意見を述べて終るか、こんなところだろう。

　上記に示した発問の原則は、ふつうの授業で、だれもが可能な、しかし疎かにしてはならない最低限の技術である。それは、健全な常識のようであるがゆえに、教師の良心と実践の遺産がこめられていると思うのだ。このような実践指針については、吉本たちからみれば、〈ていねいに説明すればふつうに理解してもらえる〉話であっただろう。しかし、ユニバーサルデザイン、アクティブラーニング、ICT活用など新しい方略が〈これでもか〉というくらいに提示されてくると、それへの対応が忙しくなり、吉本が提起した古典的ともいえる指針は教師の意識にのぼらなくなるのではないか、という疑念を私は抱いてしまう。

　指導案を書く際に教師は、自分の教材研究の成果を「指導言」として表現する。説明のポイントをメモし、発問を「教師が語るとおりに」書き留めて、子どもの反応・応答を「複数予想」しておく。このような作業を、日々の授業で、程度の差はあるにせよ、教師は誰でも行っている。皮肉を込めて言えば、研究会で「印刷された指導案」は子どものために役立っていないのであり、教師の「メモ書き」が子どものために役立っているのである。

　学生が教育実習にいって授業をするときでも、「ノートを見開きで」使い、左側には〈教師がすること〉をメモし、右側に〈子どもの応答予想〉などをメモしている。この左側に教師の活動を書き、右側に子どもの活動を書くところに、学生の素朴な賢さが現れていることを私は強調したい。吉本がくりかえし強調したように、授業は教師の語りから始まるわけだから、〈まず教師の欄：左　→　次に子どもの欄：右　→　一段下がって左　→　右……〉という順序で指導案が進む方が使いやすいはずなのである。

2　「一枚の指導案」の普及を阻むもの

　「メモ書き」や「ノート」を指導案・シナリオ・設計図として活用しているという事実は、「指導案のポイントが何であるのか」について、日本の教師も教育実習生も十分に理解している証拠である。それゆえに、多くの教師が指導案を簡略化したいという願いをもっていると判断してさしつかえないだろう。吉本も〈教師と子どもの応答を核とした指導案を言い続けて20年、

なかなか実現しない〉と嘆いていたのだが、この話もすでに30年前のことになる。50年以上も同じ状態があるのならば、問い方は「なぜ簡略化が進まないのか」「簡略化を阻むものは何か」ということになる。

まず、学習指導案に盛り込む事項が多すぎることから論じたい。項目が多すぎるとともに、その項目のすべてにわたって書き方の指定がなされているので、すべての項目を省くことができなくなる。これが教師には脅迫的に響くのである。

たとえば、研究授業で求められる指導案では「関心・意欲・態度」、「思考・判断・表現」、「技能」、「知識・理解」などの「評価規準」について、細かく記入することが〈義務づけられている〉かのようである。文末表現までも、「関心・意欲・態度」なら「〜しようとしている」と指定され、それ以外の観点では「〜している」と指定されている。「評価規準の作成のための参考資料」のモデル（国立教育政策研究所など）があるのだから、それに従わざるをえないという風潮もあるだろう。この問題については後で批判的に論究する。

また、単元観、児童観、指導観、研究主題との関連、全国・県の学力調査との関連などの項目も指導案の〈定番〉である。もちろん、授業づくりには教材研究が不可欠であるから、教材研究の成果を指導案に反映させることは必要である。しかし、これらをすべて詳細に書かないと授業がやりにくいという理由は見いだせない。さらに、「子どもの実態」というような項目で、事前に子どもにアンケートをとって「意欲がやや低い」とか書いてあったりするが、子どもの意欲を向上させるための手立ては「展開案」に記述されていない。

このようなモデルは各県の教育関係機関のホームページにいくらでも掲載されている。私が紹介した事例は少し古いかもしれないが、今でも大きな違いはないだろうし、地域によっても大同小異だろう。

そこで本気で問いたいのだが、これらの項目や観点をきちんと明記することが授業の質の向上につながる、と明言できる人がいるのだろうか。寡聞にして、私は聞いたことがない。このように言うことが極論であるというのならば、ふつうの人にわかるように反論してもらいたい。私の主張が間違っているという人がいるのなら、私の主張のどこが間違っているのかを明示して、現状を肯定したほうがよい理由を示していただきたい。そうでないと議論が

14 学習指導要領の改訂と学校づくり・授業づくりの課題

進展しない。

指導案の簡略化が遅々として進まないのは、教師の長時間労働がなぜ止まらないのか、教師の多忙化をなぜ止めることができないのか、という問題と類似していると私は思う。何か新しいことを増やすのは簡単であるが、すでにあることを止める・減らすには勇気が必要である。しごとを増やすと努力をしたようなイメージをもつが、しごとを減らすと怠けているようなイメージをもつからだ。私たちは「〈能力がない〉のではない」、「〈熱心でない〉のではない」ことを証明しようとして、いっそうの徒労を重ねてしまう。これを労働者における「疾（やま）しさの感覚」と呼ぶこともある。[2] これは、人が過重労働に自発的にのめりこんでいく構造を説明するための用語である。

あるいは、自分たちも型にはめられてきたのだがそれを批判的に省察する機会を持てなかった、それだから若い人も型にはめないと授業がうまくできないだろう、という考えをもっている人もいるのではないか。この「定型・モデル」は、若い教師に対して〈親切に〉説明しようという主観的善意で書かれているわけだから、止めるという意識が生じる余地はない。だから、この問題は、規格への自発的服従や抑圧委譲やいじめの構造と似ている。自分たちが苦労したのだからあとに続く人には余分な苦労はさせたくない、と考えるのではなく、自分たちと同じ苦労を他人がするのは当然だ、と考えるのである。

上記の推測が大きくまちがっていないならば、指導案の簡略化を推進するには、教師が「抑圧委譲」という暴力の連鎖を意識化できるかどうか、あるいは「疾しさの感覚」を意識化できるかどうか、にかかっている。

暴力や支配の構造を改革することが困難である一つの理由は、支配されている人が〈自分は支配されている〉と気づかないからである。たとえば、パワハラも体罰も「善意から発せられる暴力」である。暴力を振るっている人は、自分は熱心であると思い込んでいる。「それ」が主観的善意による〈指導〉ではなく客観的事態においては〈暴力〉であると「気づき」、「それ」が暴力であると「命名」することからしか事態は改善されない。

指導案の作成に多大な時間を費やして多忙になる状況を克服できないならば、教師は自分で自分の首を絞めることにおいこまれていく。学校に蔓延する「ふつう」や「おかしさ」を疑うことができないまま反対者を排除すると

いう態度は、子どもを〈きちんとさせる〉という発想と野合する。子どもがなぜ困っているのかという声を聞き逃してしまい、子どもへの寛容度を弱めていく。こういう事態への「気づき」が子ども理解や授業改善につながっていくことを、私は強調したいのである。

　指導案の型をおしつける風潮などに対しては、「スタンダード化やマニュアル化は実践の自由を損う」という批判もよく聞くので、この批判を補強するために私の意見を述べておきたい。この批判それ自体は間違ってはいないが、この言い方ではまだ説得力が弱い。マニュアルや型に依存することは、考えるという営みを衰退させ、考えることを放棄する安楽への全体主義につながることを意識したい。

　たとえば、『ドタバタ授業を板書で変える』という実践書がある。[3] この書物の目次は、「絶対うまくいく、はじめの10分」「静かにながれる中盤の15分」「プチ討論をおこせ、クライマックスの15分」「終わりよければすべてよし、ラスト５分」となっており、これは実践者なりの展開の工夫であり型である。たとえば、「はじめの10分」では〈黙ってテーマとメニューを書く〉ことから始めて、黒板の使い方も〈本日のメニュー〉〈はじめの問い〉〈子どもの考え〉〈まとめの問い〉〈まとめ〉というように分割されている。この構想では「質問カード」「討論カード」などの授業グッズもそろえてある。要するに、「板書案にもとづく授業構想」なのである。

　この〈オリジナル板書案〉は、研究授業では使えないだろう。各県推奨の指導案モデルが定型として定着しているからだ。こういう意見を言うと、〈オリジナル板書案〉は普段の授業で、研究授業では〈推奨版〉を、というように使い分ければよいではないか、という反論が聞こえそうである。

　しかし、問題はこんなところにはない。両論併記で波風を立てないようにしようという態度に安住するならば、〈定型版〉のどこを改良すればよいのか、〈応用版〉の意義はどこにあるのか、など「実践にとって何が必要なのか」を考える活力が枯渇することが問題なのである。マニュアル化を徹底することで、一時的によくなっているようにみえても長い目でみると失うものは大きい。そして、考えるという習慣的なるものは、一旦失ってしまうととり返しがつかなくなることが、いっそう重大なのである。職場で意見を言ってもムダ、意見を言う人はシカトする、こんな空気が定着すれば、これを覆すの

は至難の業であることは、容易に推測できるだろう。

3 「情理を尽くして語る」理路と教育技術の上達論

　話は迂回的になるが、「考える活力を枯渇させる」文体の典型として「グローバリズム」や「国民国家の株式会社化」にかかわる文書に言及しておきたい。たとえば、平川克美は、「前のめりなグローバル教育改革」ということで、文科省のホームページにある以下のような事例を紹介している。「経済社会の発展に資することを目的に、グローバルな舞台に積極的に挑戦し活躍できる人材の育成を図るため……」、以下長いので、紙数の都合上省略する。注目したいのは、平川の次の文章である。「この文章を読んでめまいを覚えるのは、わたしだけだろうか。ひとつのセンテンスの中に、グローバルと言う言葉が四回も出てくる。……そこにあるのは、グローバル教育とは、世界のグローバル化に対応するためのグローバルな人材を育成するためのものだというトートロジーだけである。」[4]

　抽象的語法とトートロジー（同語反復）の繰り返しのある文章は、研究授業でのテーマ設定や研究紀要の文章にも見受けられる。直近の指導要領などで提起された流行の方式を解説する文書なども似たような傾向がある。文科省や中教審の引用から始まって、県の教育目標など、文章上の整合性にこだわるような文章が膨大に並んでいる。最近では、複雑な枠や矢印が交差した図表やポンチ絵が掲載されることも多い。たとえば、「深い学び」と「対話的な学び」と「主体的な学び」について説明し、そのためには、「知識・技能」、「思考力・判断力」「学びに向かう力・人間性」という３つの視点が必要だ、と述べてある。行政の文章は、すべてを網羅しないといけないという必要上、膨大な量になり、反復も多く、総花的にならざるを得ないことは私も知っている。そうはいってもこれらの文章や図表をみると、私も平川同様に「めまいを覚える」のである。付言すれば、大学の会議で膨大な改革案が示される時にも、私はめまいを覚え、徒労感を隠すことができなくなる。

　学びには「知識」と「能力」が不可分だと言うだけでは、何も言っていないに等しい。それをコンテンツとコンピテンシーと言い換えても、今後は「何ができるようになるか」が指標となると主張されても、とくに新しいことを

言っているとは思えない。これは実質陶冶（何を）と形式陶冶（どんな力を）の統一という、教授学史においては19世紀から論議されている基本枠組みなのだ。あるいは「学びに向かう力・人間性が大事だ」というような言い方は、およそ研究をする際には使ってはならない。人間性の内実を簡単に規定するなどできない相談である。そして、このような何も言わないに等しい会話に慣れてしまうと、人は強い意志や忍耐を要する思考に耐えられなくなっていく。

　このような惰性は、行政用語への依存だけにはとどまらない。〈学習主体が大事だ〉とか〈学校的秩序をこえる学び〉とか、〈内輪〉でしか通用しない〈業界用語〉に寄りかかってしまうことも、同じように考える活力を衰退させる。

　人間性というような抽象的な用語を多用したがる人は、「正しいことだけ」を言いたがる人であろう。〈正しすぎてだれも文句をつけようがない〉口調を好むのである。具体的にふみこんだ発言をすると異論や反論を受けるので、このリスクを避けたいからだ。この口調は、自分を安全地帯に置きながら考える力を衰弱させていく。これは、相手との対話に臨もうという意思、つまり「潔さ」を感じさせない口調である。

　では、どうすれば考える営みが駆動されるのか。以下、「情理を尽くして語る」という内田樹の見解に学びながら論じてみたい。「情理を尽くして」語る努力をするときに、「他者に対する敬意」と「文章に対する創造性」とが同時に喚起される。「言語における創造性は読み手に対する懇請の強度の関数です。どれくらい強く読み手に言葉が届くことを願っているか。その願いの強さが、言語表現における創造を駆動している。」[5]

　自分が正しいと思ったことが他者に聞き届けられる保証はない。自分の言葉が相手に届いたのちに相手は考え始めるといえるし、あるいは、言葉が相手に届くことと相手が考え始めることは同時なのだともいえる。だから、語り手や書き手は、あれこれと考えを巡らせていく。この営みが創造性を生み出すことになる。

　相手に「敬意」をはらう語り方それ自体が、メッセージの宛て先を明確にしている。呼びかけに対して返答できる条件は「この呼びかけは私宛のものだ」と確信できたときである。固有名を持った発信者から、固有名を持った

受信者めざしてまっすぐに向けられるメッセージは受け入れてよい。そこには、あなたに聞いてほしいという懇請と言語表現上の創造性が働いているからである。その反対に、発信名が匿名で、受信者も不特定多数であるメッセージは、君が聞いてくれなくても構わない、君の代わりに聞いてくれる人が他にもいる、というメッセージを言外に発信している。だから、発信名も宛て先も明示しないメッセージは、「君はいてもいなくてもいい」ということを暗に告げていることになる。[6]

内田の文章の中にある「語りかける相手」を子どもと読みかえるならば、「情理を尽くして語る」ということが授業実践にあてはまり、それを同僚教師や研究同人と読みかえるなら、この原則は学校づくりにあてはまるだろう。この点については吉本も「固有名詞に語りかける」という表現を使ったのだが、彼のレトリカルな言い方を論理的な用語を使って語り直す努力が必要なのだと思う。

言葉を扱うことを専門職とする教師が言葉で責任をとるという覚悟について、もう一つ重要な見解を紹介しておきたい。比喩的に言えば、言葉は貨幣のようなものである。[7] 貨幣は、その存在自体としては記号としての役割しかもたない。しかし、人がそこに経済的な価値を見出すからこそ流通する。貨幣は信用のシステムなのである。貨幣と同様に、信用がないと言葉は通じない。言葉への信用が崩れると、ていねいな議論やねばり強い思考が飛ばされることになり、〈改革か停滞か〉〈賛成か反対か〉という二分法が幅をきかすことになる。あるいは、「○○戦略」という戦争用語、「日本中が泣いた」という紋切り型の表現、「□□力」を強調して□のなかに教師でも授業でも親でもなんでも入れ込んでしまう風潮など、空虚な言葉については、いくらでも例証できる。

先に吉本の発問論を論じた際に、「他者」としての子どもへの働きかけを意識するべきことを示唆しておいた。以上、情理を尽くして「他者」に語ることの意義を説明すれば、この課題に対して最低限の回答をしたことになると思う。

以上の引用をとおして私が言いたかったのは、言葉にかかわる仕事をする教師にとって、自分の言葉や専門用語に対する感度を磨き、言葉に対する責任を高めるならば、指導技術の向上が期待できるということなのである。教

師が語る言葉が「そう」であるということは、授業の現実に対する見方が「そう」であるからだ。その用語がなければ、現実は存在しないことになる。たとえば、パワハラという用語がなければ、そこに存在しているのは「叱咤激励」であって、「暴力」は存在しないことになる。これを、思想史の言葉を使うなら「言語論的転換」と呼ぶ。

　教師の語り口がおだやかになれば、それは「暴力をしずめる」働きをもつ、と私は思う。また、教師が言葉を選ぶようになると、それは「考える力の向上」につながると思っている。もちろんこの力は、授業を介して子どもたちにも伝播するはずである。

　教師の言葉が陳腐になることと並行しているのだろうと推測するのだが、授業研究会において細かすぎる処方箋を集めて無限の足し算をしているようになり、議論も堂々巡りをしているように感じることもある。たとえば、授業のルールに関して、ほめる観点をたくさん示したり、発表の方法をたくさん示したりする以前に、教師が語るとは「他者に対して情理を尽くす」ことだという理路が血肉化するかどうか、が重要だと思う。

　教育技術が飛躍的に向上するためには、教師の思想的なものや感覚的なものの向上が必要である。あるいは自分の価値観や枠組みではどうにも対応できない事態に出会い、困惑し、それでも今までの自分とは異なるものに脱皮したいと決断することが必要である。思想的な変革というと大仰な感じがするので、それを避けて一つの入口として言葉の使い方を吟味することについて言及したのである。

4　教育における「言葉・語法・語り口」への意識を

　「授業（づくり）が学校を変える」、「授業が学級を変える」という言い方は、吉本たちも使ってきたのだが、その意味内容については漠然とした感じは否めない。用語の厳密な使用という点について本論では詳細に論じる余裕がないので、とりあえず以下のような評価だけをしておきたい。学校現場には問題は山積しているが、最低限「授業」を話題にしないと教員の議論が空回りする。授業で子どもが元気に発言する姿そのものが教師たちに元気を与えるし、公開授業をして子どもの活発な姿をみてもらい評価されると教師たちも

意欲がわくだろう。吉本にはこういう現実家（リアリスト）としての発想があった。

　子どもと教材にかかわりながら発言をすることは、授業研究会のルールでありマナーでもある。自分の力量形成のために貴重な素材を提供してもらっているという感謝の念が、このルールとマナーを遵守することを保障する。こういう風土に支えられて、授業について率直かつ具体的に語り合える関係ができることを称して、吉本たちは「授業が学校を変える」と言ったのである。また、授業で学習権や少数意見を尊重する風土は学級の人間関係の変容に貢献するという理屈でもって、「授業が学級をかえる」と言ったのである。

　上記のような授業研究会のもち方や授業のコミュニケーション的側面への注目が有益であることは否定しない。だが、これだけで教職員の意欲や行動や関係が大きく変化するとまで期待することはできないと思う。では、何が不足しているのか。

　公共性を旨とする組織や市民が集う組織において、その可能性が最大限に開花するのは、その組織の中に「多様性」が許容されるときである。逆にいうと、世代間の葛藤や意見の対立のない組織が衰退してゆくことは、社会思想史などの研究が教えるとおりである。それに対して、ビジネスの世界では、利益の最大化という目標は単一であるから多様性が存在しないほうが効率的であり、「即決」「実行力」「決断力」のあるリーダーシップが大事だという主張もある。しかし、利益の即時かつ最大限の回収というビジネスの目標と、個人の幸福や市民の成熟という教育の目標は、きちんと峻別して論じなければならない。

　多様性の保障という観点からとくに変わった手法が要請されるわけではない。研究会でも「情理を尽くして語る」、「宛て先を明確にして具体的に語る」という感覚をもちたいのである。研究会の議論で「弱さや悩みを出そう」という合意は、若手に対しては「価値観を変える第一歩」と響き、ベテランに対しては「弱さの公開はみんなに役立つのだ」という呼びかけと響くだろう。若手と対話する教員は、表面的には「若手のために」解説をしているようであっても、「自分の実践」を読み直しているのだ、と解したい。この感覚がない限り、ベテランの指導は「上から目線の説教」となる。ベテランの側からみれば、自分と若手との「落差」だけを意識していると他人を責めるとい

う姿勢になりやすい。若手との対話において自分の語り口を吟味し、ひいては子どもへの語り口を調整していくという内発的活力が、ベテランにおいて、いま一歩の向上心をよびさますのではないか。[8]

註

1）吉本均『教室の人間学』明治図書、1994年、98頁および100頁。
2）入江公康『眠れぬ労働者たち』青土社、2008年、167頁以下。
3）溝部清彦『ドタバタ授業を板書で変える』高文研、2014年。
4）平川克美『何かのためでない、特別なこと』平凡社、2016年、192〜193頁。
5）内田樹『街場の文体論』ミシマ社、2012年、16頁以下。
6）内田樹、釈徹宗『日本霊性論』NHK出版、2014年、168頁以下。
7）星野智幸『未来の記憶は繭のなかで作られる』岩波書店、2014年、216頁以下。
8）拙論「『ビジネスモデル』とは異なる公教育の論理」『熊本大学教育学部紀要　第65巻』2016年。

（白石　陽一）

第2章

学習集団研究からみた「カリキュラム・マネジメント」の課題

　「カリキュラム・マネジメント」とは何か。「カリキュラム・マネジメント」が注目されるなかで誰が何をしたらいいのか。こうした問いに直面していないだろうか。

　2016年12月21日の中央教育審議会答申において「学習指導要領改訂の基本的な方向性」が示されている。「改善の方向性」のキーワードのひとつとなっているのが「カリキュラム・マネジメント」である。それでは、教育課程（カリキュラム）をめぐるキーワードが「カリキュラム・マネジメント」となったことは、教育課程（カリキュラム）の計画、実施、評価にかかわって、どのような変革を迫るのだろうか。

　本章の目的は、カリキュラムマネジメントが、学校教育にもたらそうとしているものが持つ特徴と課題を考察し、その課題を克服する方途を描き出すことである。

　そのために本章では、まず、「カリキュラム・マネジメント」をめぐる政策的動向および研究上のカリキュラムマネジメント論の経緯をたどり、カリキュラムマネジメントの定義や規定の内実を明らかにする。次に、これまでの教育方法学の知見、とりわけ、教育課程論、授業論および学習集団論を参照しながら、カリキュラムマネジメント論の理論的・実践的課題を考察する。そのうえで、その課題を克服する方途を提案する。

1　カリキュラムマネジメントの定義と特徴

⑴　カリキュラムマネジメントの定義

　カリキュラムマネジメントの理論的基盤はどこにあるのか。まず、「この用語を研究上、初めて打ち出したのが筆者（中留）であろう。」[1]と述べる中

留武昭の定義を挙げたい[2]。

> カリキュラムマネジメントの発想とは、教育活動の目標系列（目標・内容・方法＝教育課程基準の大綱化・弾力化）とそれを支える条件整備の活動の系列（経営活動＝自主性・自律性）との双方の対応関係をP-D-Sのマネジメントサイクルに位置づけて、これを組織化し動態化していく思惟＝活動であると考えた。

今回の学習指導要領の改訂にかかわる中央教育審議会初等中等教育分科会教育課程部会の臨時委員である天笠茂の定義も同様である[3]。

> カリキュラムマネジメントとは、学校教育目標の実現に向けて、カリキュラムを編成・実施・評価し、改善をはかる一連のサイクルを計画的・組織的に推進していく考え方であり手法である。
> それは、教育内容系列と条件整備系列とに整理してとらえ、両者の相互関係を全体的、総合的に把握するマネジメントの手法であり、カリキュラムをヒト・モノ・カネ・情報・時間など経営資源との関連でとらえる発想であり手法である。

両者の定義から、基本的には、従来、教育課程の内部要素（中留が言う「教育活動の目標系列」）に対する外部要因[4]（「条件整備の活動の系列」）として位置づけられていた「教育課程経営」の領域を、内部要素に積極的に関連させた構想だと言えるだろう[5]。この「目標系列」と「活動の系列」とが、PDSないしはPDCAサイクルのなかで運用される構想である。

次に、行政上のとらえ方として、先に示した中教審答申における「カリキュラム・マネジメント」の特徴を確認する[6]。

> ①各教科等の教育内容を相互の関係で捉え、学校教育目標を踏まえた教科等横断的な視点で、その目標の達成に必要な教育の内容を組織的に配列していくこと。
> ②教育内容の質の向上に向けて、子供たちの姿や地域の現状等に関する

調査や各種データ等に基づき、教育課程を編成し、実施し、評価して改善を図る一連のPDCAサイクルを確立すること。
③教育内容と、教育活動に必要な人的・物的資源等を、地域等の外部の資源も含めて活用しながら効果的に組み合わせること。

この答申における「カリキュラム・マネジメント」の特徴については、中留も、自身の定義と「ほとんど一致したもの」[7]と評価している。このことから、定義としては、カリキュラムマネジメント論と政策の動向との間にめだった離齬は見られない。

⑵　カリキュラムマネジメントと教育課程経営

こうした発想はカリキュラムマネジメントの登場までなされてこなかったのだろうか。カリキュラムマネジメントが登場するまでは、「教育課程経営」という言葉が用いられてきた。

では、教育課程経営という概念はどのように位置づけられるだろうか。『教育課程事典』において、安彦忠彦は以下のように述べている[8]。

　　教育課程の経営は、教育方法学的レベルで処理された諸内容、具体的に各学校で実施に移す際の"媒介活動"ないし"媒介過程"であって、これなしには、どのようにすぐれた方法理論で構成された教育課程も、この活動によって現実化されなければ、画餅に帰したり、歪んだりして無意味なものになってしまうのである。（中略）教育方法学的な検討とそれを基礎としてつくりあげられた教育課程を、学校その他の教育機関のなかで具体的、現実的に機能させるための、不可欠の橋渡しとなるという意味で、決定的に重要な活動領域だということになる。

教育方法学的な検討が中心となる教育課程づくりと、それを実現するプロセスとを橋渡しする領域として位置づけられていることがわかる。同様のことは『現代カリキュラム事典』における小泉祥一の「学校教育目標の達成を目指した教育課程や指導計画を作成し、実施、評価するために必要な（中略）教育技術的・運営的諸条件の整備活動（経営管理活動）の総体」[9]という定義

学習集団研究からみた「カリキュラム・マネジメント」の課題　25

　にも見られる。すなわち、目標系列の活動と条件整備の活動とを相対的に区別しつつも、それらの総体として教育課程経営をとらえていた。
　目標系列と条件整備系列を総体として「教育課程経営」のなかでとらえながらも区別する意義を強調しているのが高野桂一である[10]。

　　「教育課程経営」とは、広義には、単に教育課程の内容をどうするか（教育課程内容論）、ということだけでなく、教育課程内容の計画＝編成（P）→その実施＝展開（D）→評価（S）を進めていく過程でなされる、さまざまな組織・運営上の条件づくり（条件整備）を意味している。従来、しばしば教育内容論だけを偏重して、それをあたかも教育課程論のすべてのように錯覚していた向きもあった。それを克服する必要がある。（中略）
　　ここであえて「経営」という局面を強調するのは、教育課程内容をそのP－D－S過程において、現実の学校の経営の諸条件に真に裏打ちされたものとするために、あくまで条件づくり活動にアクセントをおく趣旨である。すなわち、教育課程内容論そのものとは一応、それを区別して、狭義の条件整備活動としての教育課程経営ということができよう。

　広義と狭義の教育課程経営を示しながら、狭義の教育課程経営を強調する意味を打ち出している。そのうえで、「「教育課程経営・授業経営の科学」のこれからの開発の志向は、けっして狭い意味での「科学」をねらうものであってはならない。（中略）われわれがいかなる教育の価値的立場（哲学）を選ぶかは、教育課程内容の哲学、ひいては教育課程経営の哲学、授業経営の哲学を自ずから決定する。」というように、哲学なしの教育課程経営にならないよう指摘している[11]。

(3)　教育課程（カリキュラム）づくりにおける学校の自主性・自律性の強調

　中留は、カリキュラムマネジメントという用語を用いる理由として、次のような思いをあらわしている[12]。

　　ここで、カリキュラムマネジメントなる用語をあえて使用した背景には、これまで使用されてきた「教育課程」はどちらかといえば、日本的

ニュアンスの強い教育委員会届け出用の文書（学習指導要領を前提にした教科を束ねた時間割表）で、「年度初めに一度編成したら変えてはならない文書」というイメージを脱皮することが教育課程基準の大綱化・弾力化と自主性・自律性との連関性を図るには必要だ、とする新しいカリキュラム観（カリキュラムマネジメント）がある。

　「カリキュラム」という用語を用いることで、教育課程（カリキュラム）づくりにおける学校の自主性・自律性を強く意識させるねらいがあった。先の中留の定義にもあるように、カリキュラムマネジメントの起源には、教育課程基準の大綱化・弾力化が関係する。1977年の学習指導要領改訂以降、「ゆとりと充実」路線、教育の個別化・個性化、特色ある学校づくりといったことが強調される中で、教育課程の基準が大綱的なものとなり、弾力的な運用が求められた。このことは、学校ごとに創意工夫して教育課程をつくることにつながる。こうした政策上の規定を支える概念として打ち出されたのがカリキュラムマネジメントである。その点で、カリキュラムマネジメントは、学校および教師が主体となって行うものであると言える。

　さらに、教育課程ではなくてカリキュラムという用語を用いることで、潜在的カリキュラムも視野に入れたカリキュラムづくりや運用が主張されている。そこには、カリキュラムを、単に教える者の側の論理でだけとらえるのではなくて、子ども（学ぶ者）の側からとらえながら、計画、実施、評価しようとする姿勢が見てとれる。

⑷　カリキュラムマネジメントのモデル化とチェックリスト化

　カリキュラムマネジメントのモデル化をすすめる田村知子は、モデル化の意義について次のように述べている[13]。

　　カリキュラムマネジメント・モデルは、システム思考に基づいて構築されました。システムは、「目的」と「要素」と、要素と要素の間の「関係性」から成り立っています。……（中略）……要素間の関係性は、繰り返して生じたり、時間の経過と共に変化したりします。要素を関係性においてとらえれば、今生じている目前の問題だけに目を奪われずに済

みます。

　そこでは、カリキュラムマネジメントにかかわる諸要素を主に「ア．教育目標の具現化」「イ．カリキュラムのPDCA」「ウ．組織構造」「エ．学校文化＋個人的価値観」「オ．リーダー」「カ．家庭・地域社会」「キ．教育課程行政」に細分化した関係図が描かれている。

　また、カリキュラム・マネジメントを評価するための方法として、このモデルに対応させる形で、「ア」から「キ」の各要素ごとにチェック項目を配したチェックリストが開発されている[14]。

2　カリキュラムマネジメントの課題
── モデル化、リスト化への懸念 ──

(1)　教育活動の目標系列の相対的後退

　教育活動の中心は、教育活動の目標が、子どもの達成との関わりで吟味されることであろう。田村知子も「教育目標の具体化」を重視して位置づけている[15]。だが、そのチェックリストの項目には子どもの学びの保障に関するものはわずかしか見られない。例えば、「私は、年間指導計画を、児童・生徒の実態に応じて、柔軟に変更しながら実施している。」、「私は、児童・生徒のアイディアや意見を取り入れ、児童・生徒と共に教育活動を創りだしている。」といった項目が一部にあるのみである。また、田村のチェックリストでは、何が重要項目で何が周辺項目なのかという整理はなされていない。すなわち、「ア」から「キ」の各項目は同等の扱いとなっている。

　カリキュラム構成における「基本的な原則は、「学習者の学習の自由＝未来決定の自由の保証」という点に置かれる」[16]と言われているように、カリキュラムづくりにおける中心は、やはり「ア」や「イ」の項目の検討であろう。それらの項目が、子どもの学びの実際と関連づけて検討され、カリキュラムがつくられる必要がある。そのことの意識がなければ、教育目標に関わる活動についての吟味が充実していなくても、カリキュラムマネジメントとしては高く評価できる、という実践が展開されうる。教育目標にかかわる活動についての吟味が相対的に後退していく危険性がある[17]。

近年のコンピテンシーベースの流行によって、教育が道徳的実践としての性格を失い、空虚な技術的営みになってしまうことを中野和光が危惧している[18]が、ともすれば、カリキュラムマネジメントの推進はこうした状況を招きうる。「マネジメントあって、教育なし」となりかねない。

⑵ 子どもに開かれた教育課程（カリキュラム）づくり―工学的アプローチと羅生門的アプローチから―

　教育課程編成においては、工学的アプローチと羅生門的アプローチという2つのアプローチが構想されてきた[19]。田村も工学的アプローチと羅生門的アプローチとの両立の有り様を以下のように述べている[20]。

　　　「目標にとらわれない評価」についても開かれた構えをもち、教室の実践の中から新たな次の目標を設定することも視野に入れておく必要があります。
　　　とはいえ、教育目標を事前に明確に設定することは、意図的計画的な教育活動のためには必須です。学校として育成すべき資質・能力や各単元・授業の目標を明確にし、その達成をめざすという枠組みがあるからこそ、自由で創造的な授業も可能になります。めざす山の頂上がはっきりわかっていれば、そこへの登り方は、メンバーの体力や登山経験、楽しみ方、天候等によって多様になりうるわけです。

　ここで気をつけるべきは、モデル化やリスト化によるPDCAサイクルが工学的アプローチのみへの傾倒につながりやすいことであろう。羅生門的アプローチの立場に立てば、カリキュラムマネジメントにおいて、既定の目標の点検だけではなくて、あらかじめ想定していないが、カリキュラムの実施過程で表出した子どもの学びの姿をとらえ、評価することも重要である。場合によっては、「めざす山の頂上」そのものや「山の頂上をめざすのか」が問いなおされることもありうるだろう。モデル化やリスト化をすすめる田村もPDCA以外のマネジメントモデルもありうると述べている点[21]には注目しなければならない[22]。
　それでは、羅生門的アプローチのカリキュラムづくりにかかわるような、

与えられた目標にとらわれない、子どもに開かれたカリキュラム（教育課程）はどのように構想されるだろうか。子安潤は以下のように提案している[23]。

　学校の教育課程の編成といってもことさらに難しく考える必要はない。各学年、教科と教科外活動、「総合的な学習の時間」等のその総時間数の標準は決まっている。だから、具体的にはそれぞれの単元を編成していけばいいのである。学校全体や学年間の調整が必要だとしても、単元が構成できていなければ調整のしようがない。だから、教育課程編成は、単元構成が基本なのである。
　すると、どんな単元をなぜ設定するのか、このことが次に重要となる。この点では、子どもの発達的課題にそれぞれの学年・教科で何ができるのか、それぞれの教師は何であれば教育活動として展開できるのかを提案し合うことから始めることである。教科書と地域ごとのモデルカリキュラムに合わせた具体化をするのではなくて、いま学校にきている子どもの課題を見すえることから出発するのである。

　先述したように、カリキュラムマネジメントは本来、教育課程の自主性・自律性を強く意識させることをねらって用いられた用語である。だから、カリキュラムマネジメントの名のもと、教育課程の編成と運用とが、既存の、上から与えられた目標つぶしにとどまる状況に陥らずに、教師や学校と子どもたちのものとして機能する必要がある。そのためには、子どもの実態・思い・願いへの思慮がシステムのなかにたしかに位置づけられなければならない。子どもに開かれたカリキュラムマネジメントが求められる。

(3)　社会の要求と子どもの課題とをつなぐカリキュラムマネジメントの実践
　カリキュラムマネジメントの一例として、小中一貫校である福岡県朝倉郡東峰村立東峰学園の取組を紹介したい。そこでは、キー・コンピテンシーや学習指導要領といった社会的要請を引き受けながら、子どもの実態に根ざした９年間を見通したカリキュラムづくりとそれを一体的に実現していく学校づくりが行われていた。その取組は、以下の４点で特徴づけられる。

① 9年間を見通した子どもの姿のイメージづくり[24]

1～4年生を「学びの基礎期」、5～7年生を「学びの移行期」、8・9年生を「学びの活用期」として、それぞれにおける子どもの姿を「自分の思いや考えを進んで表現しようとする子ども」、「目的や意図に応じて言葉を選びながら、自分の考えを表現しようとする子ども」、「他者との意見交換で考えが深まったり広がったりする良さを知って、別の場面でも活用しようとする子ども」とイメージされている。

② 発達段階ごとの子どもの姿に応じた学習スキルのイメージづくり

学習スキルを「基礎スキル」（聞くスキル、話すスキル、読むスキル、書くスキル）と「思考スキル」（くらべるスキル、つなげるスキル）とに区分して、各スキルの具体像が、先の発達段階ごとに構想された[25]。例えば、「学びの基礎期」の「読むスキル」として「言葉に気をつけて読む。」、「学びの活用期」の「読むスキル」として「目的や内容に応じて文章の内容や表現の仕方に注意して読む。」といったように、である。

③ カリキュラムを具現化する授業づくりの共有－教材研究、発言形式の積み上げ、学習ノートの活用、子どもの参加を引き出す生活・学習の場づくり－

②までの発達段階ごとの子どもの姿やそこでの学習スキルにもとづいて、教材の系統性の明確化、子どもたち同士の学び合いを支える発言形式の構想、学習ノートの活用、子どもの参加を引き出すような、地域の特性を活かした行事や授業での様々な活動（ホタル祭、田植え、稲刈り、餅つきなど）が組織されている[26]。

なかでも、3年生の総合的な学習の時間においては、「東峰村のうまかもんパンフレット」づくりを通して、地域の課題を、地域の一員としての自分と他者（同級生、教師、地域の人々）とで自分たちなりに解決する子どもたちの姿が見られた。

④ カリキュラムづくりをふまえた小中連携体制の強化

③までのカリキュラムづくりを具体的なものにするための条件・体制づくりとして、様々な授業の方法が模索され（「小中TT授業」「一部教科担任制」「合同授業」）、授業研究体制の充実が図られている[27]。

目の前の子どもたちに必要な力が教職員間で吟味・構想され、それらを子

学習集団研究からみた「カリキュラム・マネジメント」の課題　31

どもたち自身の課題を克服することを通して身につけていく、まさに子ども
に開かれたカリキュラムマネジメントが行われていると言えるだろう。

⑷　子どもに開かれたカリキュラムマネジメントによるカリキュラムの実践

　ここまではカリキュラムマネジメントの取り組みを紹介してきたが、ここ
からは子どもに開かれたカリキュラムの実践の一例を紹介したい。それは、
鈴木和夫の実践「カンコーヒーから日本を見る」である。

　そこでは、日本の工業に関する「原料を輸入し製品を輸出している我が国
の工業の特色」という指導要領の「内容」や、「工業の盛んな地域の具体例は、
金属工業、機械工業、化学工業などの中から、一つを取り上げるものとする」
という「内容の取り扱い」をふまえて[28]、教科書の指導計画を参照しながら
それをアレンジして、「同学年の教師の了解を得」て単元が計画された[29]。
教材として、「①身近なもので、子どもたちが調査できて、日本の工業が検
討できるもの」、「②日本と外国の関係、とくに、「南北問題」が検討できる
もの」、「③自分たちの生活に戻って、自分と世界を考察できるもの」という
視点[30]で、カンコーヒーが選定された。

　「カンコーヒーからどんなことが学習できるか？」というテーマで、子ど
もたちが班での話し合いにもとづいて班ごとに課題設定している。当初子ど
もたちから提案された学習課題「①工場の場所と立地条件／②カンコーヒー
の原料とその生産地／③生産量と消費量／④流通問題／⑤外国との関係／⑥
カンコーヒーと食品問題／⑦カンコーヒーと環境問題」[31]を出発点としなが
ら、話し合い、討論、資料調査、インタビュー調査（工場との手紙のやりとり）、
プレゼンテーション、ロールプレイ（模擬国際会議）といった活動を通して、
授業が展開されている。

　子どもたちの調査から、日本のアルミ工業が「南の国に依存し、公害すら
引き起こすほどの環境破壊をしている例もあること」、「日本の工業の特徴が、
教科書などで紹介している以上にきわめて自己中心的な利益追求システムを
国際化したものであること、また、南の国とのゆがんだ関係をベースにした
ものであること」などが明らかになったという[32]。

　鈴木実践においては子どもの身の回りの現実生活についての探究が、社会
や世界の現実を読み取り、乗り越えるスタンスを育んでいるようにうかがえ

る。それが実現できたのは、カリキュラムの計画、実施、評価、の各段階において、既定のものをすすめることだけに固執するのではなくて、そのつどの子どもの声を聴く構え（余地）をもったカリキュラムマネジメントができていたからではないだろうか[33]。

3 研究的マネジメントサイクルの構想

(1) マネジメントサイクルの二つの側面－「課題解決」と「課題研究」－

　田村らによる最新の共同研究論文ではカリキュラムマネジメントについて次のように述べられている。「カリキュラムマネジメント（Curriculum Management）は、法令や学習指導要領、児童生徒や学校の実態に基づき教育目標を設定し、目標や児童生徒の学びの実態との関係において現行のカリキュラムを評価し、より効果的かつ適切なカリキュラムの計画と実施を発展的に行う組織的かつ課題解決的な営為である」[34]。ここから読み取れることは様々あるが、カリキュラムマネジメントは、「計画」、「実施」、「評価」のサイクル（PDS（PDCA）サイクル）とされていること、そして、設定した目標に向けた「課題解決的な営為」だとされていることに着目したい。

　このPDS（PDCA）サイクルは、デミング（Deming, W. Edwards）のマネジメントサイクル（デミングホイール）[35] を起源に持つものであるとされる。しかしながら、モーエン（Moen, Ronald）によって、PDCAは日本人が作ったものだがそのオーサーシップは明確でないことが指摘されている。また、彼が行ったデミングへの聞き取り調査によって、デミング自身はPDCAサイクルを受け入れていないことが明らかにされている[36]。このことに鑑みると、マネジメントサイクルを伝統的にPDCAサイクルのことであるとみなすのは、主として日本の独自傾向だといえる。

　一方、デミング自身は日本でデミングホイールを紹介して以後もマネジメントサイクルの研究を続けており、1993年にPDSAサイクル（Plan‐Do‐Study‐Act）を発表している。一見すると、PDCAと比して、CheckがStudyとなっているだけのわずかな違いであるように思われるが、Studyのステップにおいて示される内容を見ると、PDCAとは根本的な考え方の違いがあることを見て取ることができる[37]。

PDSAサイクルのStudyの工程においては、①データの分析を完遂すること、②予想したこととデータを比較すること、③何が学ばれたのかを総括すること、がその中身として示される。すなわち、Studyの工程は、実践結果のデータから目標の達成を点検しようとするものではなく、当初の目標にかかわらず何が結果として学ばれたのかを純粋に研究しようとするものであることが分かる。つまり、当初の目標を完遂するために、目標の達成を点検し、次のサイクルのPlanを調整するという発想ではなく、実践をとおして得られたデータを一般的な目標に照らして研究し、当初の目標および計画に有効性や妥当性がないと判断された場合は当初の目標自体の変更も辞さない（というより次のサイクルを一から考える）というのがデミングの述べるマネジメントサイクルである。

先の田村らの定義では、カリキュラムマネジメントは「課題解決的な営為」とされていることはすでに指摘したが、デミングのマネジメントサイクルに鑑みると、カリキュラムマネジメントはそうした側面のみではないといえる。

すなわち、デミングから、「課題解決」に対応する枠組みとして「課題研究（study）」という枠組みが浮かび上がる。「課題解決」では、目標という理想があり、その理想に向かって点検（check）を繰り返すことになる。一方、「課題研究」では、同じく目標はあるものの、その目標は決して理想のものとしてではなくて、当面目指す方向を示したものといった程度の意味にすぎない。そうした「課題研究的な営為」においては、目標に向かう過程で生起する様々な事象を注意深く観察することやそこから次に課題として何を設定するかということを話したり決めたりすることが中心的な営みとなる。

⑵　学習集団研究アプローチの研究志向性

この枠組みに沿って考えたとき、学習集団研究のアプローチは課題解決的というより研究的である。学習集団研究について中野和光は「学問的知識にアクセスして、世界を理解し、解釈し、協力し、公正な、持続する民主主義社会を形成する市民を育てる教授方法の研究である。」[38]と述べている。「民主主義社会を形成する市民」という一般的な目標はあるが、それは一様な子どもの姿を示す具体的目標ではない。学習集団研究においては、「そうした市民とはどのような存在であるか」ということが常に問われる。そのために、

教育の場で生起する個別の事象に注意深く目を向ける。目の前の教育実践が、究極的には、そうした市民の育成へとつながるものとなっているかということが、「授業研究」を主たる手段として研究される。

　一方で、近年の学習集団研究への問題提起と発展的な議論にも目を向ける必要がある。久田敏彦は学習集団研究の課題について次のように述べている。「組織論的であれ、関係論的であれ、身体論的であれ、いずれも最終的には同一性に収斂される方向をどう超えるかという課題である」[39]。

　この久田の指摘をうけて、子安は「教師が想定していた枠組に収まる」と考えていたこれまでの学習集団研究を乗り越えていく視点を次のように示した。「科学への無批判な信頼を土台に、教科内容研究とその到達点へと誘導することを指導性と考える見方がある。ここを捉え直し、科学や文化を未完で生成過程にあるものとみなし、子どもたちと事実を批判的・生成的に確かめる授業をつくる方向へと切り替えていく必要がある」[40]。

　以上のことから分かるように、学習集団研究の立場は、元来、授業についての固定的なイメージ（目標）にとらわれず授業のあり方を研究するものであったと思われるが、それが無意識的に前提としてきた指導性を内省し、研究的な姿勢を貫徹させるという方向での発展的な議論がうかがえる。

　カリキュラムマネジメントが対象とするカリキュラムには完成形がない。カリキュラムのこの性質に鑑みると、当初の目標の達成に向けて行為を調整するといったカリキュラムマネジメントだけでなく、得られたデータの研究を重視し、研究によって当初の目標の問い直しも含めて新たなサイクルを構想するといった志向性を持つカリキュラムマネジメントが同時に求められよう。

⑶　デミングのマネジメント理論にみる研究的カリキュラムマネジメント構想の手がかり

　研究的カリキュラムマネジメントを具体的に構想するための枠組みとして、PDSAサイクルの提唱者であるデミングのマネジメント理論を援用したい。なお、デミングの経営思想およびマネジメント理論の全体については彼自身の著作[41]や関連先行研究[42]にゆずるとして、本稿ではその重要な部分として四つの点に着目する。

　第一の点は、デミングはマネジメントにおいて、訓練を制度化することを

提唱していることである。訓練は経営者自らの訓練と従業員の職務訓練の両方が想定されており、前者は経営者が組織全体の仕組みを理解し品質管理に関する基本的理解を達成するための訓練であり、後者は顧客のニーズについて従業員が理解するための訓練である。

第二の点は、組織が一つのチームとして機能するようになるためにスタッフ間の障壁をなくすことに努めることを提唱していることである。

第三の点は、従業員に対する到達目標および数値割当てを排除することを提唱していることである（数値目標によるマネジメントの排除）。

第四の点は、マネジメントサイクルは、組織メンバーによって組織内で持続的に実施されるもの（閉じた管理サイクル）であると同時に、外部との対話や外部の視点を取り入れながら螺旋的に広がりつつ実施されるものであるという二つのイメージを提唱していることである。

これらをふまえて、教育実践における研究的マネジメントのあり方として次のような三つの示唆が得られよう。第一に、教職員の研修や教職員集団の関係づくりの機会を取り入れるという教職員集団づくりの視点を取り入れること。第二に、数値目標に依らない目標管理の視点、すなわち、質的に目標を分析する視点を取り入れること。第三に、マネジメントに関わる人々の範囲を学校の教職員内に閉じるのではなく外部（地域）に開くという視点を取り入れること。

本章では、カリキュラムマネジメントをとりまく状況を整理するとともに、その課題について述べた。そのうえで、それを乗り越えるカリキュラムマネジメントの実践イメージを示すとともに、カリキュラムマネジメントの新たな枠組みとして研究的マネジメントに言及した。カリキュラムマネジメントが重視されるようになったことを、目標管理の徹底として受け止めるのではなく、子どもの学びの実際に目を向け、カリキュラムについて組織的に研究するような教職員集団づくり、および、地域に開かれた学校づくりの契機として生かすことが求められる。

註

1）中留武昭「今、なぜカリキュラム・マネジメントが求められるのか」ぎょうせい編『新

教育課程ライブラリ Vol.5 学校ぐるみで取り組むカリキュラム・マネジメント』ぎょうせい、2016年、19頁。

2）中留武昭「研究の背景とねらい・方法」中留武昭編著『カリキュラムマネジメントの定着過程』教育開発研究所、2005年、9頁。

3）天笠茂『カリキュラムを基盤とする学校経営』ぎょうせい、2013年、24頁。

4）安彦忠彦『改訂版　教育課程編成論』放送大学教育振興会、2006年、28-34頁参照。

5）アメリカのカリキュラムマネジメント論を整理した倉本哲男も、中留を引用しながら、「教育内容・方法上の指導系列としての教育活動（Curriculum & Instruction）」と「それを支援する条件整備系列の経営活動（Management）」との２系列を融合した活動として定義している（倉本哲男『アメリカにおけるカリキュラムマネジメントの研究サービス・ラーニング（Service-Learning）の視点から』ふくろう出版、2008年、2頁）。なお、倉本はその「融合」のあり方について、「カリキュラムマネジメント論は各々の項目において部分的に論じられているものの、その全体構造性を把握する理論は未だ存在せず、それを条件整備系列と内容方法系列による「融合的な」研究領域として対象化する問題意識は希薄であると指摘できる」（同上書、72頁）等と、課題があることを指摘している。

6）中央教育審議会答申「幼稚園、小学校、中学校、高等学校及び特別支援学校の学習指導要領等の改善及び必要な方策等について」（平成28年12月21日）、23頁。

7）中留武昭、前掲書、2016年、20頁。

8）安彦忠彦「教育課程経営の概念と位置」岡津守彦監修『教育課程事典　総論編』小学館、1983年、368頁。

9）小泉祥一「カリキュラムの経営と管理」日本カリキュラム学会編『現代カリキュラム事典』ぎょうせい、2001年、179頁。

10）高野桂一「中教審・臨教審・教課審等の改革論と教育課程経営の科学化」高野桂一編著『教育課程経営の理論と実際－新教育課程基準をふまえて－』教育開発研究所、1989年、8頁。

11）同上論文、27-29頁参照。

12）中留、前掲論文、2005年、9頁。

13）田村知子「カリキュラムマネジメントの全体構造を利用した実態分析」田村知子・村川雅弘・吉冨芳正・西岡加名恵編著『カリキュラムマネジメント・ハンドブック』ぎょうせい、2016年 a、40頁。

14）同上論文、45-50頁。

15）同上論文、36頁。

16）安彦忠彦『学校の教育課程編成と評価』明治図書、1979年、15頁。

17）先述した倉本もアメリカのカリキュラムマネジメント論の「研究的残余部分」の一つとして「学習者である生徒の教育的効果を論証する視点も抜け落ちており、学校改善論の中核となるはずのカリキュラムマネジメント論のアウトプット要素が曖昧なままとなっていること」を挙げている（倉本、前掲書、2008年、72頁参照）。そのうえで、「学校組織がカリキュラムを開発し、そのカリキュラム目標を実践化す

学習集団研究からみた「カリキュラム・マネジメント」の課題　37

る教育方法に鑑み、同時にカリキュラムを機能させるための組織運営・条件整備を内外的な視点から評価するカリキュラムマネジメント評価論（Curriculum Management Audit）」としてイングリッシュ（English, Fenwick W.）のカリキュラムマネジメント論を意義づけている（同上書、73頁参照）。

18) 中野の指摘は以下の通りである。「教育は、その核心部分において、技術的営みではない。道徳的実践である。……「エビデンスに基づく教育」は、コンピテンシーに基づく教育と結びつくとき、教育実践が所与のコンピテンシー目標を達成するための技術的実践となり、道徳的実践という教育の核心部分が見失われることを示している。」（中野和光「コンピテンシーによる教育のスタンダード化の中の学習集団研究の課題」深澤広明・吉田成章責任編集『学習集団研究の現在Vol.1　いま求められる授業づくりの転換』渓水社、2016年、12頁。）

19) 文部省『カリキュラム開発の課題』文部省大臣官房調査統計課、1975年。

20) 田村知子「目標のマネジメント」田村知子ほか、前掲書、2016年b、58-59頁。

21) 田村、前掲論文、2016年a、37頁参照。

22) 例えば、組織の中でうまくいっていないところ、解決するべき課題に着眼して、その修復をはかる発想（「問題解決アプローチ」あるいは「欠陥ベースアプローチ」としてのPDCAサイクル）ではなくて、組織や個人が本来もっている強みや希望や夢に注目し、内在する潜在力を、対話によって引き出す変革プロセスとしてのAI（Appreciative Inquiry）モデルが提案されている（織田泰幸「学校の組織開発」篠原清昭編著『学校改善マネジメント－課題解決への実践的アプローチ－』ミネルヴァ書房、2012年、225頁参照）。

23) 子安潤『反・教育入門［改定版］－教育課程のアンラーン』白澤社、2009年、128-129頁。

24) 東峰村立東峰学園『平成26・27・28年度福岡県重点課題研究指定・委嘱地域　重点課題「小中連携・一貫教育による確かな学力の形成」最終報告会』2016年、6頁参照。

25) 同上報告書、7-10頁参照。

26) 同上報告書、11-13頁参照。

27) 同上報告書、13-14頁参照。

28) 文部省『小学校学習指導要領　平成元年3月告示』1989年、第2章 各教科 第2節 社会を参照。

29) 鈴木和夫『子どもとつくる対話の教育－生活指導と授業』山吹書店、2005年、129-131頁参照。

30) 同上書、131頁参照。

31) 同上書、143頁。

32) 同上書、171-172頁参照。

33) 子どもの「わからなさ」や「とまどい・逸脱」に応答することを、子安は「やわらかさ」志向として提案している（子安潤「授業のスタンダード化に向き合う」『教育』2016年4月号、33頁参照）。

34) 田村知子、本間学、根津朋実、村川雅弘「カリキュラムマネジメントの評価手法の比

較検討 – 評価システムの構築にむけて –」日本カリキュラム学会編『カリキュラム研究』第26号、2017年、29頁。

35）このデミングホイールは、エドワーズ・デミングが1950年に開かれた「日本の科学者および技術者連合（JUSE＝Japanese Union of Scentists and Engineers）」がスポンサーとなった経営者と技術者のための統計的品質管理に関する 8 日間のセミナーの中で、シュワートサイクル（Shewhart）に修正を加えて発表したものである。

36）Moen, R. Foundation and History of the PDSA Cycle（PDSA History-16th Deming Research Seminar Feb.2010), 2010, p.7.
（https://deming.org/uploads/paper/PDSA_History_Ron_Moen.pdf#search=%27foundatiion+and+history+of+the+PDSA+moen%27）（2017年 7 月30日参照）

37）藤井啓之は従来のPDCAをPDSAへと転換することを提唱している。藤井によるとPDSAは「結果をチェックするだけにとどまらず、成功や失敗を踏まえてPlanの妥当性を吟味しうる、学習する組織、思考する組織を重視している」と意味づけられる（藤井啓之「PDCAからPDSAへ – 教師にも子どもにも表情のある教育を」『教育』2017年 2 月号、63-64頁参照）。

38）中野和光、前掲論文、15頁。

39）久田敏彦「学習集団論からみた『学びの共同体』論の課題」日本教育方法学会編『教育方法43　授業研究と校内研修』図書文化、2014年、69-70頁。

40）子安潤「生成的学習集団への転換」深澤・吉田編、前掲書、27頁。

41）Deming, W. E. *The New Economics for Industry, Government, Education*, The MIT Press, 1994.

42）星野広和「管理サイクルの本質的理解に向けて – Demingの「深遠なる知識」とPDSAサイクルに関する一考察 –」国学院大学経済学会編『国学院経済学』第61巻 3 ・ 4 号、2013年、309-348頁。

（北川　剛司・樋口　裕介）

第3章

インクルーシブ教育を重視した校内授業研究と学校づくり

1 特別支援教育と障害特性をふまえた指導の課題

2007年に特別支援教育が開始されてから、10年が経過した。特殊教育から特別支援教育へと移行し、通常学級では、LD（学習障害）、ADHD（注意欠陥多動性障害）、高機能自閉症等の発達障害が注目されることで、校内授業研究においても発達障害のある子どもへの指導方法が議論されるようになった。今日では「ユニバーサルデザインの視点を取り入れた授業づくり」や「授業のユニバーサルデザイン」など（以下、「ユニバーサルデザインの授業づくり」とする）という言葉が聞かれるようになり、「LD傾向の子どもには○○の支援が必要」といった障害特性をふまえた視覚支援や環境整備などが多くの学校で導入されるようになった。

しかしながら、ユニバーサルデザインの授業づくりのような指導方法は実践をつくり出すヒントにはなるが、発達障害のある子どもへの指導方法を、学級全体に向けて取り入れても他の子どもへの対応がおろそかになる可能性もある[1)2)]。というのも、授業において困難を抱える子どもは、特別支援教育の対象となる発達障害のある子どもだけではなく、不登校の子ども、虐待を受けている子どもをはじめ、トラブルや問題行動の絶えない子どもなど、国際的にインクルーシブ教育において議論されているように、特別なニーズのある子どもも含まれるからである。それゆえ、障害特性をふまえた指導方法を理解するだけではなく、「どうしてAさんは困っているのか」「Bさんは何を訴えているのか」など、子どもたちの困難さの背景を読み解きつつ、子どもたちと対話し、学びの場をつくる合意や共同を通して、必要な支援を共に考えていくことも重要である。

けれども、ユニバーサルデザインの授業づくりの導入によって、子どもと

共に授業をつくることが難しい状況がつくり出されている。特別なニーズの
ある子どもには「『統一した対応が望ましい』といった特別支援教育の『成果』
の名のもと」、「全学級・全学年」で統一して対応した場合、赤木和重は、「そ
の基準を守ることが第一義になり、いま行っている指導が、目の前の子ども
にとってどういう意味があるのか、考えなくなることに問題がある」と指摘
している[3]。つまり、ユニバーサルデザインの授業づくりの導入によって、
子どもの姿から授業を立ち上げる力量は失われてしまうのである。さらに言
えば、「その基準を守ることが第一義」になるのであれば、「考えなくなる」
ことで同僚の教師に指導方法の相談をしたり、共同したりする機会が失われ
てしまうのではないだろうか。

　この点で、今日の校内授業研究のあり方を問い直す必要がある。校内で取
り組む授業研究は、多くの教師が参加することで、特別なニーズのある子ど
もをはじめ、すべての子どもを教師一人ひとりの多様な視点で読み解き、そ
の考えを交流、共有する可能性を有している。またその延長上において、日々
の子どもの様子や成長について語り合うことにもつながる。加えて、インク
ルーシブ教育を重視した校内授業研究では、多様な職種との共同が求められ
る。学級担任の教師だけではなく、特別支援学級の教師、養護教諭、支援員、
時として、スクールカウンセラー、スクールソーシャルワーカーなどの参加
も必要ではないだろうか。従来のように学級担任の教師一人の責任で実践す
るような、「学級」に閉じた校内授業研究ではなく、インクルーシブ教育に
おいては学校づくりの視点から校内授業研究を捉え直すことで、校内授業研
究の枠組みを広げる必要がある。

　そこで、本章では、特別なニーズのある子どもを含むインクルーシブ教育
を重視した校内授業研究について、先述した障害特性をふまえた指導方法か
ら画一的・標準的な指導方法を設定し、それを統一して実施する「マニュア
ル化」「スタンダード化」の問題や、特別なニーズのある子どもへの対応が
学級担任の個人に迫られている問題を批判的に検討し、それらを乗り越える
視点を明らかにする。そうすることで、これからのインクルーシブな学校づ
くりに示唆を得たい。

2 インクルーシブ教育から見た校内授業研究の問い直し

(1) 校内授業研究の今日的課題

　今日では、校内授業研究においても障害特性をふまえた指導方法の共有がなされている。けれども、「自閉症児は〇〇という特性があるので△△と行動してしまう。だから、□□を支援に取り入れよう」といった行動面に対する対処法ばかりが注目され、「マニュアル化」「スタンダード化」する方向で議論がされてはいないだろうか。その結果、自閉症の傾向と考えられるAさんとBさんを、「自閉症の子ども」という一般的なカテゴリーに入れて同じにとらえ、「自閉症の特性には〇〇が有効だから、〇〇を指導に取り入れよう」としてしまうのである。そうした一般的なカテゴリーでとらえた子ども理解と障害特性をふまえた指導方法を一括にし、対応しても、AさんとBさんといった一人ひとりに応じた指導方法ではないため、むしろ、特定の指導方法に子どもたちを適応させようとして、うまく行かないということに陥っている[4]。

　こうした背景には、近年の「学力低下」論争のもと、学力向上が主張され、目に見える成果がより一層求められるようになったことがあげられる。とりわけ、特別なニーズのある子どもは、学習環境の維持や学力保障の名のもとに、行動上の問題に注目が集まっている。たとえそのような問題に対応しようとしても、全国の公立小中学校の通常学級に通学する子どもの約6.5％に発達障害の可能性がある[5]ことに加え、発達障害のある子ども以外の特別なニーズのある子どもの対応も求められており、従来どおりに学級担任の教師が一人で指導するのには限界もある。

　校内授業研究において、学力向上や問題行動への対応がめざされるが、学校や学級で足並みをそろえ、学級担任の教師一人で実践することが求められ、また問題に対しては迅速に対応をしないと指導力が問題視されてしまう。それゆえ、障害特性をふまえた指導方法は対処法的に用いられ、担当している学級の「固有名詞」を持つ子ども[6]のことを必ずしもふまえたとは言いがたい「マニュアル」や「スタンダード」を使わざるを得なくなっているのではないだろうか。

(2) 校内授業研究の枠組みを広げる

　日本の特別支援教育は、特殊教育という名称で行われていた時代の障害種だけではなく、LD、ADHD、高機能自閉症等の発達障害が対象となり、障害児教育の対象が拡大することになった。また、特別支援教育により通常学級では発達障害のある子どもにも支援がこれまで以上に行われるようになった。その後、2012年7月「共生社会の形成に向けたインクルーシブ教育システム構築のための特別支援教育の推進（報告）」が中央教育審議会初等中等教育分科会から出された。同報告においても、インクルーシブ教育システムについて述べられているが、障害児教育の域は出ていない。

　このように日本の特別支援教育は、発達障害のある子どもだけではなく、特別なニーズのある子どもにも寄り添う姿勢が求められる。国際的に見ても、インクルーシブ教育は1994年のサラマンカ声明において示された。それまで議論されてきたインテグレーションは、子どもたちを障害児と健常児とに二分したうえで、主流である健常児に障害児を「統合」させようとする二元論に基づいたものであった。これに対して、インクルーシブ教育は、荒川智によれば、「『分離か統合か』という枠組みで何か決まった形態を論じるものではなく、特定の個人・集団を排除せず学習活動への参加を平等に保障することをめざす、学校教育全体の改革のプロセス」とされている[7]。つまり、インテグレーションが障害児を健常児と「分離」するか「統合」するかという「場」の枠組みとして考えられたことに対して、インクルーシブ教育は「参加」の視点からすべての子どもの学習活動を問い直そうとする学校改革として唱えられている。またサラマンカ声明では障害児のための特別学校や特別学級の保障が述べられている。したがって、インクルーシブ教育は多様な学びの場の保障やカリキュラム全体の視点から問われる必要がある。

　しかしながら、これまでの校内授業研究は、学級担任が一人で指導することが前提とされてきた。いわば、「学級」に閉じた校内授業研究であった。けれども、今日では、「学級に居場所を見いだしにくい子どもが、学級の外に特別な場所を設定して、『逃げ場』であるとともに『居場所』をつくり、そこを媒介にして学級への参加を開いていくていねいな支援」[8]の保障も含めて、学校全体で関わることが求められている。このことからもわかるように、子どもたち一人ひとりが、自分が所属する学級の中に参加しているかど

うかだけではなく、当該の子どもが所属していない通常学級または特別支援学級などへの参加を視野に入れた校内授業研究が問われているのである。それゆえ、インクルーシブ教育においては、学級だけではなく、学校全体として校内授業研究に取り組めるよう、枠組みを広げることが必要である。

3　特別なニーズに応答する学習集団の授業研究

⑴　「固有名詞」を持つ子どものニーズへの応答

　特別なニーズのある子どもを視野に入れて校内授業研究において検討することで、従来から取り組まれてきた校内授業研究の重要な視点が再評価されてくる。ここでは、特に、「固有名詞」を持つ子どものニーズを大切にした実践について振り返ってみたい。

　公開授業後の検討会では、「固有名詞」を持つ子どものことを語り合うために、授業中においても発達障害のあるＡさんやＢさんをはじめ、一人ひとりの子どもの様子についてより丁寧に捉えられるようになった。指導案でも「児童の実態」には特別なニーズのある子どもの実態が書かれるようになったり、「Ａさんは」「Ｂさんは」というように一人ひとりの実態や、学級全員の共通目標とともに個別の目標が設定されたり、教師は授業過程においても子どもの予想される反応をこれまで以上に丁寧に記述するようになった[9]。こうして校内授業研究において特別なニーズのある子どもの指導をめぐって学校全体での合意が形成されていったのである。

　校内授業研究において、「固有名詞」を持つ子どもへの支援や工夫を学校全体で合意することは、学習集団研究においても問われてきた。具体的には教師が共同して授業を構想する試みがなされてきたのである。小学校では、学年集団で一つの指導案をつくったり[10]、中学校では、教科の壁を越えて共同で指導案をつくったりしてきた[11]。こうした取り組みとして、例えば中学校では、担当教科が異なる教師同士の話し合いは教材解釈を深めるとともに、「『その発問だったら、１組の浩司は、真っ先に手を挙げるだろう』『でも、２組６班の清美は黙ったままかな。こう問うてみるほうがいいのでは』『うちの邦夫の家庭のことを考えればその問いはどうかな』『そういえば邦夫はこのごろ休みがちだな』『忘れ物も頻繁になってきている』」……（中略）

……『じゃあ、明日の私の1時間目の授業では意識して肯定的評価をしよう』などと、発問の応答の予想をめぐる子どもの実態の交流のなかで」[12]、「固有名詞」の子どもの理解の共有化も図られていた。

　このように、「固有名詞」を大切にした授業づくりは、今日で言えば特別なニーズに応答した授業づくりであり、特別なニーズのある子どもだけではなく、すべての子どもを対象にした授業づくりでもある。子どもの特別なニーズをふまえた応答予想を教師集団で行いつつも、子どもの「固有名詞」をめぐって担当教科が異なる教師たちが話し合うことで、自分の担当している「困っている」子どもの「困っている」ことの背景を読み解くことが可能になる。

(2)　特別なニーズへの応答と学習集団の内実の変化

　特別なニーズへ応答するためには子ども理解を深めなければならない。けれども、応答予想によって教師は子ども理解を深めているが、深まった子ども理解をふまえても、授業を実際に行う段階において、特別なニーズに適切に応答できているわけではない。この点でこれまでの校内授業研究は、特別なニーズの視点から考えると、教師が子どもの絶対的な代弁者としてふるまう教師中心の校内授業研究に陥る危険性を内包している。インクルーシブ教育を重視した校内授業研究では、特別なニーズへの応答について当該の子どもや学習集団との合意をつくり出す視点を問う必要がある。教師は特別なニーズへ応答するために、「Aさんが困ったときには、○○という補助プリントで対応しよう」など、「よかれ」と思って準備した特別な支援により、特別なニーズのある子どもを「周りの子どもたちと比べてできない子ども」として顕在化させる危険性を見落としてはならない[13]。大切なのは、子どものニーズへの応答は当該の子どもが求めているか、その子どもやその子どもを含む学習集団と合意を形成する必要がある。

　このように特別なニーズへの応答には、合意形成が求められる。例えば、ルールや学習環境などもそうである。「マニュアル」や「スタンダード」によって、特別なニーズのある子どもの発達に必要なニーズを取り出し、その対処法的な指導が議論されるが、学習集団の内実は常に変化している。特定の指導方法に子どもを適応させるのではなく、「多様な学習機会の選択・アクセ

スを、当事者とともに学級の子が受けとめ、折り合いをつけなくてはならない。学習の場における『差異と共同』の関係（価値）を探る力を育てる、そのための指導方法の開発」[14] を、校内授業研究において追求していく必要がある。

⑶ 教材研究を特別なニーズの視点から捉え直す

　特別なニーズへの応答は、単に授業への参加がしやすいようにするだけではなく、内実の変化する学習集団においての合意を前提にしつつも、教材との関係にも十分に配慮しなければならない。というのも、教科内容を習得する上で、子どものニーズとかけ離れた活動や思考を要求することで、子どもたちが授業に参加できなくなってしまうからである。それでは特別なニーズに応答する上で、教材をどのように考えていかなければならないだろうか。教材研究を特別なニーズの視点から捉え直す必要がある。

　既存の国語科の枠組みにある目標や内容を「今」を生きる子どもたちに必要なものへと変えていくことをめざした授業[15]では、「ごんぎつね」において、特別なニーズのある子どもが、ごんと兵十のすれちがいを自身の経験と結びつけて語ることで、コミュニケーションの難しさを語りながらも実感のあるコミュニケーションにまで深まりが生まれた。また普段は授業に参加しようとしない子どもたちにも自身の経験と結びつけて語る姿が見られた。

　このような授業が成立するためには、子どもたちのプライベート（「学習者のプライベート（私的）なまなざし（人・もの・こと）」を意味する）の観点を国語科の授業にどのように取り入れるかが問われる。この授業の実践者である原田大介は、インクルーシブな国語科授業の実現へ向けて、パブリック（学習者のプライベートに対して、学校が公的な場であることを意味する）の観点だけの授業では、学習者の「身近なこと」や「必要感」から遠くなる危険性が発生することを指摘し、教師自身が子どもたちの当事者性を反映したプライベートの観点から、子どもの学びに迫ることを主張している[16]。校内授業研究においても、特別なニーズのある子どものプライベートの観点も含めて意見交換することで、その子どもが抱えている生活世界と関係した教材につなげることができるのではないだろうか。

　こうした子どもたち一人ひとりの生活をふまえた視点は、障害児教育にお

いて実践されてきた。特に、生活単元学習にその典型を見ることができる。その理由の一つには、分化された教科内容を学ぶことによって、生活そのものを意識することに困難な子どもに対して、単元＝まとまりを設定することによって、授業過程に生活そのものをつくり出し、障害児に生活のストーリーを意識させることで主体的に働きかける力を育てようとしたことがあげられる[17]。つまり、教科内容を学ぶ際、子どもに生活のストーリーを意識させることが求められるのである。

　このような子どもの生活と教材との関係については海外でも議論がなされている。ドイツでは、インテグレーション教育からインクルーシブ教育への発展の中、事実教授（Sachunterricht）[18]の構想において、学習内容について検討がなされている。その際、子どもたちの多様さに応じるためにも、あらゆる子どもが共通に持ち合わせている共通の学習資源（gemeinsame Lernressource）が注目されていた。例えば、「空気」というテーマについて学ぶのなら、共通の学習資源には、呼吸をはじめ、教室のドアの開け閉めやドライヤーをかけた時に見る風の流れなどがあげられる。というのも、それらの例には、子どもたち一人ひとりに共通する生活経験があるからである[19]。つまり、子どもたちの多様なニーズに応えるには共通した生活経験をふまえた教材が学びへの参加をつくる手がかりとなる。

　こうした点で、生活のストーリーや共通した生活経験を意識させるように、教材研究を特別なニーズの視点から捉え直す必要がある。またこのことは、これまでの校内授業研究を問い直す上でも重要な視点である。

4　ホール・スクール・アプローチから見たインクルーシブな学校づくり

⑴　校内授業研究とホール・スクール・アプローチ

　これまで述べてきたように、校内授業研究では、特別なニーズのある子どものニーズを教師集団で読み解いていくことが求められる。それは、学校全体で指導方針を共有することにつながる。その際、学級担任の抱えている困難は個々の学級のみで対応するのではなく、学校全体の課題であるという認識が重要である。学級担任の困難を学校全体の課題としてとらえない限り、

インクルーシブな学校は成立しない。この点で、ホール・スクール・アプローチの取り組みは参考になる。

　ホール・スクール・アプローチは、1980年代のイギリスにおいて、展開された実践である。「文字通り、学校全体の責任において、学習上の困難を経験しているすべての子どもに対応することを信条として……（中略）……。通常学級だけではなく特別支援学級・通級指導教室などの多様な校内リソースを含めた"学校全体"の指導構造」を問い直す上で大きな可能性を持っている[20]。すなわち、インクルーシブ教育を重視した校内授業研究にあっては、学級担任の教師だけではなく、特別なニーズのある子どものニーズに応答するような、多様な職種との共同が求められることを意味する。というのも、学校全体で多元的な学びの場への参加を保障することや居場所を創造することが必要だからである。例えば、小学生の特別なニーズのある子どもを通常学級に適応させるのではなく、その特別なニーズのある子どもの居場所をめぐって、特別支援学級の教師や保健室の養護教諭の役割が注目され、通常学級の担任と共同していく実践などがあげられる[21]。

⑵　特別支援学級の教師と通常学級の担任との指導観の交流

　このように居場所は通常学級だけではなく、多元的につくる時、校内授業研究において、学校全体で共同する仕組みを創造することが問われてくる。すなわち、学校全体での指導方針の共有を軸にした共同は、授業づくりの指導観が通常学級の担任のみの世界に留まるのではなく、特別支援学級の教師をはじめ学校全体の授業づくりの問い直しにつながるものでなければならない[22]。

　そこで、ここでは特別支援学級の教師と通常学級の担任との指導観の交流について、広島県東広島市立三津小学校の実践を手がかりに考察したい。三津小学校の特別支援学級の授業研究では、指導案において障害特性をふまえた指導方法、例えば、活動の流れや見通しを示すこと以外にも、「固有名詞」を持つ子どものニーズに応答するために、「本時の期待する児童の姿」をはじめ、「固有名詞」を持つ子どもの「学習活動」の予想についても丁寧に記載されていた[23]。また公開授業後の検討会でも子どもの「固有名詞」を用いた交流が図られていた。そうすることで子ども理解やその指導方法をめぐる

考え方は、校内授業研究会において共有されるのである。ただこの小学校では、校内で授業を検討した後も、継続して交流できる仕組みがつくられているところが特徴的である。

その仕組みの第一に、校内授業研究にかかわって作成される研究通信があげられる。研究通信では、実践された授業の分析やその振り返りが整理されることで、日常の教師集団の交流を促進している。特別支援学級の公開授業後の研究通信では、特別支援学級の授業において「何のために今の活動をしているのか」「何のために働くのか」という学びや活動の意義を評価し、それを学校全体の「期待する児童の姿」と照らし合わせながら、通常学級を含め、「教科の本質を考えたうえで、各教科でどんな力がつけられるのか」を確認している[24]。もちろん、研究通信は通常学級の公開授業後にも作成され、通常学級の担任の指導観と特別支援学級の教師の指導観との交流にもつながる。

仕組みの第二に、学校で発行される研究紀要があげられる。研究紀要は、公開授業後の検討会の分析をより深めることにつながる。研究紀要では、授業研究の指導案以外にも、その授業のふりかえりをまとめた内容が記載されている。特別支援学級の公開授業の検討後に書かれた「教材研究に学ぶ・授業を終えた子どもたちに学ぶ」という項目には、教材研究においても子ども理解をふまえた上で、子どもの顔を浮かべながら、授業を一緒に実践する教師と共同して教材研究を深めていたことが書かれていた[25]。また、個人の研究テーマについてのふりかえりを記載する欄には、特別なニーズのある子どもの学びの意義と、絶えず変化する子ども理解から、発達に応じて教材を工夫していたことがまとめられている[26]。このように学校全体で特別なニーズのある子どもに対する子ども理解を深め、そうした子どもへのアプローチの仕方を交流する機会がつくり出されていた。

(3) 養護教諭の校内授業研究への参加

居場所をつくるうえで、特別支援学級以外にも保健室はとても重要である。基本的に養護教諭は学級を担当することはなく、子どもへの評価を行わない。このことに子どもが安心感を抱くのではないだろうか。それゆえ、養護教諭は保健室を訪れた子どもに対して学級担任とは異なる視点を持って接

することができるのである[27]。

　小学校の校内授業研究において、「子どもたちの学びの成立には、養護教諭の行なう心身の健康づくりと、教師の行なう学びの指導がつながっていく」ことを大切にした学校の取り組みがあげられる。その学校では、「心身の不調を訴えその背後に学びへの不満や不安を抱えて」保健室に来る子どもたちの授業に対する声やその姿を授業研究の場に反映させ、担当した教師と共に考えることによって、教師の学校での指導を支える事例が報告されている[28]。それは、授業に参加できていない子どもたちの声を養護教諭が代弁することで、授業研究のあり方について担当教師が再認識するものであった。養護教諭が授業研究へ参加する場合に、通常学級の教師は、保健室を単なる「逃げ場」「甘えの場」とみるのではなく、養護教諭も子どもからの話のみで一面的な教師理解に陥ることに十分に気を付けながら、お互いの役割を理解し、共同していくことが求められる[29]。

　このように養護教諭が校内授業研究へ参加し、子どもたち一人ひとりの情報だけではなく、学級や学年の雰囲気についても授業研究の場面で伝えることによって、子どもたちの学びを支えることにつながる。その際、子どもたちの本音を通常学級の教師が授業成立へ向けて真摯に受け止めることも求められよう。また、特別なニーズのある子どもが保健室を拠りどころにしながらも、養護教諭は子どもの成長・発達をふまえて、長いスパンで子どもを捉え、多様な学びへの参加の提起をつくり出すことも重要な視点である。なお、ここでは特別支援学級の教師、養護教諭を中心に述べたが、他の発達援助職とも学校教育において共同して取り組むことが必要である。

5　インクルーシブな学校をめざして

　特別支援教育が開始され、障害特性をふまえた指導方法を「全学級・全学年」で統一した方が良いとされがちなことから「マニュアル化」「スタンダード化」されることがある。けれども、普段から指導観を交流することで、目の前の「固有名詞」を持つ子どもの指導について「マニュアル」や「スタンダード」を絶対視せず、教師同士の複数の視点で子ども理解を深め、絶えず指導方法を検証して、修正することで、その指導をめぐって教師たちで共同

することができるようになる。というのも、多様なニーズのある子どもたちのいる学習集団の内実は、一つひとつ異なるからである。その多様なニーズのある学習集団が育ってくると、常により高度な指導が求められる。そのために、指導観の異なる教師同士であっても、考え合い、共同して専門性を高め合わなければならないのである。そうした共同の過程で、子どもによる学習集団と対応するような教師集団の形成をこれからの学校づくりにおける重要な視点として提起したい。

　特別なニーズのある子どもへのアプローチを学校全体で取り組むことが求められる今日、最も身近な子どもたちへの指導方法を教師集団で立ち上げる＝「つくる」というプロセスをはじめから抜きにすることは、学校づくりを放棄することにつながりかねない。むしろ、その子どもたちの多様なニーズへの応答に向け、教師の指導の多様さを欠くことなく、教師が共同することは、インクルーシブな学校をつくる原動力になるのである。

註

1）ユニバーサルデザインの授業づくりについては、次のような指摘もある。「通常学級における授業ユニバーサルデザインの何が有効で、何が限界かがよくわかっているわけではないのである。『どんなに知的障害が重篤であっても、通常学級において授業ユニバーサルデザインの授業をすれば、すべてうまくいく（顕著な学習効果が得られる。本人も他の子どもも）』などといった声を時々聞くことがあるが、これは深刻な問題である」（柘植雅義『特別支援教育』中央公論新社、2013年、100頁）。

2）学習困難児に対しては授業内容の理解を促進していくためにイラストを提示する支援は有効であっても、「一方、こうした支援をユニバーサルな支援として、すべての児童生徒に提供してしまったら、クラス全体が提示されたイラストのイメージで授業内容を理解してしまい、独創的な発想が阻害されてしまうということもあるかもしれない」（新井英靖「アクティブ・ラーニングとインクルーシブ教育」『授業づくりネットワーク』No.25（通巻333号）、学事出版、2017年、23頁参照）という指摘もある。

3）赤木和重「ユニバーサルデザインの授業づくり再考」『教育』かもがわ出版、2017年2月号、77-78頁参照。

4）吉田茂孝「通常学級で学ぶ自閉症児への支援方法」新井英靖ほか編『自閉症児のコミュニケーション形成と授業づくり・学級づくり』黎明書房、2011年、25-26頁参照。

5）文部科学省初等中等教育局特別支援教育課「通常の学級に在籍する発達障害の可能性のある特別な教育的支援を必要とする児童生徒に関する調査について」2012年。

6）本章での「固有名詞」を持つ子どもとは、「人間科学に独自な知は、一人ひとりを『固有名詞』として理解することを目的としている」ように「子どもたち一人ひとりの個

インクルーシブ教育を重視した校内授業研究と学校づくり　51

性は、『普通名詞の一人』なのではない」ことを意味する（吉本均『発問と集団思考の理論　第二版』明治図書、1995年、20頁参照）。

7 ）荒川智「インクルーシブ教育の基本的な考え方」荒川智編著『インクルーシブ教育入門－すべての子どもの学習参加を保障する学校・地域づくり』クリエイツかもがわ、2008年、15-16頁参照。

8 ）湯浅恭正「発達障害児と集団づくりの展望」大和久勝監修・湯浅恭正編『困っている子と集団づくり－発達障害と特別支援教育』クリエイツかもがわ、2008年、167頁。

9 ）高橋浩平「多様な学習集団を意識した指導案づくり」湯浅恭正編著『子ども集団の変化と授業づくり・学級づくり』明治図書、2009年、104-116頁参照。

10）古賀佐徳「教師の学習集団づくり」古賀佐徳編著『教科の本質を追求する学習集団づくり』明治図書、1981年、168-169頁参照。

11）近藤毅「中学教師集団、共同の指導案づくりによるヤマ場の構想－『川とノリオ』をめぐって－」吉本均編『授業と学習集団』第３号、1992年参照。

12）同上論文、79頁。

13）福田敦志「特別なニーズのある子どもたち」山本敏郎・藤井啓之・高橋英児・福田敦志『新しい時代の生活指導』有斐閣、2014年、157頁参照。

14）湯浅恭正「通常学校の改革と授業づくり」『障害者問題研究』第39巻第１号、2011年、16頁参照。

15）原田大介『インクルーシブな国語科授業づくり－発達障害のある子どもたちとつくるアクティブ・ラーニング－』明治図書、2017年、65-70頁参照。

16）原田大介「インクルーシブな国語科授業を考える－自閉症スペクトラム障害の学習者の事例から－」日本教育方法学会編『教育方法42　教師の専門的力量と教育実践の課題』図書文化、2013年、75-78頁参照。

17）湯浅恭正「福祉教育と総合学習」久田敏彦編『共同でつくる総合学習の理論』フォーラム・A、1999年、106頁参照。

18）ドイツの事実教授については、諸教科を横断する総合的学習の授業実現に向けて、日本でも生活科や総合的な学習の時間との関係で、これまで数多く論じられてきた。（小野擴男「ドイツの事物科」水越敏行・吉本均編著『生活科と低学年カリキュラム』ぎょうせい、1993年、A. カイザーほか編著『21世紀の学校をひらくトピック別総合学習』北大路書房、1999年など）。

19）Vgl., Seitz, S.: Zu einer inklusiven Didaktik des Sachunterrichts. In: Kaiser, A. & Pech, D.（Hrsg.）: *Integrative Zugangsweisen für den Sachunterrichts. Reihe Basiswissen Sachunterricht.* Band 3. Schneider Verlag, Hohengehren, 2004, S. 177.

20）窪田知子「学校全体の指導構造の問い直しとこれからの学校づくり－ホール・スクール・アプローチの発展的継承をめざして－」インクルーシブ授業研究会編『インクルーシブ授業をつくる－すべての子どもが豊かに学ぶ授業の方法－』ミネルヴァ書房、2015年、35頁参照。

21）湯浅恭正・越野和之・大阪教育文化センター編『子どものすがたとねがいをみんなで－排除しない学校づくり』クリエイツかもがわ、2011年参照。

22) 湯浅恭正「特別支援学級・学校の役割と集団づくり」湯浅恭正・小室友紀子・大和久勝編『自立と希望をともにつくる－特別支援学級・学校の集団づくり』クリエイツかもがわ、2016年、154頁参照。
23) 東広島市立三津小学校『平成28年度研究紀要』2017年、30-31頁参照。
24) 同上書、51頁参照。
25) 同上書、33頁参照。
26) 同上書、70頁参照。
27) 矢野洋子・荒木みなみ・猪野善弘「発達障害の子どもへの支援に求められる養護教諭の役割Ⅰ」『九州女子大学紀要』第52巻1号、2015年、64頁参照。
28) 湯田厚子・佐藤理「養護教諭による子どもの『学び』支援に関する一考察」『福島大学総合教育研究センター紀要』第8号、2010年、73-76頁参照。
29) 同上論文、77-78頁参照。

（吉田　茂孝）

第2部

学習集団づくりによる教育実践の記録と指針

第1章 授業で子ども相互が理解し合うために

（永江隼人・福田敦志）

第2章 気になる子どもを中心にした授業づくり

（玉城明子・森　久佳）

第3章 個と集団にドラマを引き起こす教育的タクト
－算数科授業から－　（福田恒臣・吉田成章）

第4章 学習集団づくりをモデルとする教職員集団の
形成－まなざしの共有から真理・真実の共有
へ－　　　　　　（久保田みどり・深澤広明）

第5章 地域とのつながりを生かし未来を創る人を育
てる学校づくりと授業づくり－学びを生き方
につなぐ学校づくりは地域づくり－

（近藤　毅・八木秀文）

第1章

授業で子ども相互が理解し合うために

1　個対個の関わりを学習集団にひらく

　一年生を担任したときの一年間の授業実践の取り組みである。生活を土台として学ぶ子どもたちと共に、学校という枠の中で、どのような学びを保障することができるのだろうか。また、個対個の関わりに閉じてしまいがちな関係性を、どのように学習集団にひらいていけばよいだろうか。そんな課題意識をもって日々実践を積み重ねている。年を重ねるごとに増えていく、困っている子の実像の深さ、重さに対して、簡単に共感できない自分と向き合いながら、授業でどのようなことができるのだろうか。

⑴　ユキ

　「有名なアイドルグループのメンバーと同じ名前だよ！」と周りの友だちに自己紹介し、入学当初からすぐに学級に馴染む。毎日コンビニ弁当で夜食をとる一週間もある。母親には、近くに２人、結婚している兄がいるものの、ユキを預けたり、夕食を共にしたりすることはない。家庭訪問では、倉庫の二階に家があり、家を見つけるのに時間がかかってしまった。玄関にはアルコールの山が２つほど。それを隠すかのように立ち、私を家の中に案内する母親。ユキの机はない。部屋は台所とつながっていて、仕切りがない。一応ユキの勉強机と言う平テーブルの周りには、母親しか読まないようなファッション誌が並ぶ。学童クラブに預けられていることから、父親と離婚して引っ越してきたことを聞くことができた。

　ユキは、朝・帰りの会、授業中、給食時間、よくしゃべる。止まっていることがないというくらい話し続ける。私が、他の子と話そうとしても、「自分が、自分が！」と言わんばかりに話しかけてくる。正直、鬱陶しいと思っ

てしまうこともあるほど。また、周りの子どもたちは、そんなユキを毛嫌い
しているようにも見える。「ありのままの自分を受け止めてほしい」と訴え
ているように見えるが、毎日続くユキのサインに疲弊している私もいた。

(2)　ぎゅうってしたいの

　道徳の時間にて。副読本「私たちの道徳」に、「ありがとうを伝えたい人」
を書く欄があった。ユキの抱えているものが、みんなにどのくらい伝わるの
か。また、ユキの内面に寄り添い、つながることができる子は誰か。そんな
ことを考えながら、書いたことを発表させてみようと考えた。

　机間指導では、「先生、見て！」と言わんばかりに、書いたものを見せる子、
友だちの名前を書いて、友だちとアイコンタクトを送り合っている子などが
見られた。そんな中でも、ユキは書いたノートを全く見せようとせず、ぐっ
と胸にノートを寄せ、私を含め他の子の目線から隠すようにしていた。ユキ
の「先生、見て！」と見せてくる普段の行動とは全く正反対の様子から、何
かとても大切なことを書いている気がした。親や友だちに対するユキの想い
が垣間見える発表になると思った。

　様々な子どもの発表では、友だちの名前を言う子、親の名前を言う子、そ
れぞれだった。学級で人気者が意外な子に集中しているという発見もあり、
盛り上がった発表会になった。

　目立ちたがりのユキは、自分のことを書いてほしいと伝えたり、自分の名
前が友だちから発表されるのを期待したりしているのではないかと思った
が、そんな姿は見せなかった。健気に何度も挙手し続けていた。

　ユキの発表に焦点が当たる展開にしたかったため、ユキを最後に当てるこ
とにした。そして、ユキの番が来た。そこでの発表では、ありがとうを伝え
たい人がなんと私だった。多くの子が「お母さん」とか「友だちの名前」を
書いているのに、二つある欄のどちらにも、私の名前しか書いていなかった。
「いつも優しくしてくれるから、ありがとうの気持ちを“ぎゅうってして伝
えたい”」とのことだった。同じ学童クラブのミルが「じゃあ、ぎゅうって
すればいいじゃん！」と言うと、ユキは私に駆け寄ってきて、抱きついてき
た。しかも、ユキはなぜか嬉し涙を流しながら、しばらく抱きついたまま固
まっていた。

再びミルが「みんなかかれ〜！」と言って、自ら私の胸や足に絡みついてきた。他の子も寄ってきて押し合いへし合いの一時間になってしまった。

数日後の教育相談にて。放課後に残して、一人ずつ話す時間を設ける学校の取り組みである。ユキを残して話をした。

　　私　「どうして、道徳の時間にぎゅうってしたかったの？」
　　ユキ「だって、抱きつきたかったっちゃもん。でも、誰にも抱きつくことができないっちゃもん」
　　私　「誰にもって、お母さんにも？」
　　ユキ「お母さんに抱きつこうとすると、あっちへ行けって飛ばされる」
　　私　「そうなんだぁ、本当はお母さんに抱きつきたいんだね。お母さんの代わりに抱きつける人を見つけるといいかもね。」
　　ユキ「ナナミちゃんとかがいいけど……小さいから抱きつけないし、大きい人がいい」
　　私　「じゃあ、誰でもいいんじゃん。先生以外に見つけなよ。」

ただ、大人の中に安心感を求めているんだ、これまで、大人との関係を切り結ぶことに課題があるのだと思っていたが、子ども集団の中での居場所を求めているようにも感じた瞬間だった。こんな想いを抱えながら、自分を素直に表現しようとするたユキと、集団を関わらせたいと思った。

それ以降も、ユキは毎朝、「おはよ〜う！」と言いながら私にしばらく抱きつくことが増えた。しかし、それが続いたのも二週間ほどだった。飲み会で母親とそのことを話すと、「やめなさい」とユキに諭したとのこと。代わりに母親がユキの話を「ゆっくり聞くタイム」を家でつくることにしたと、連絡帳で教えてくれた。

連絡帳をもらった日に、ユキと話をした。

　　ユキ「私、先生に抱きつくのをやめた！」
　　私　「なんで？」
　　ユキ「だって、ママからダメって言われたっちゃもん」
　　私　「本当は抱きつきたいんだね」

ユキ「でもやめる」

　しばらくは、私の足にしがみつくことはあったが、我慢するユキだった。とはいっても、抱きついて甘えていないと気が狂ってしまうわけでもない。さらに「こっちを見て！」と言わんばかりに突っ込んだ発言やつぶやきが増えた。こんな風に、親を含め、他者に甘えたいという気持ちを押さえ込み、学校的価値に覆われた一年生生活を送っている子どもが、どのくらいいるのだろうか。基本的信頼感を獲得するという幼児期の課題を抱えたまま、あるいはくぐり抜けることなく通り過ぎてしまったように見える子どもも増えてきているように感じる。ユキの行動を理解しようとすることを通して、素直な自分を表現することの心地よさ、また、それを受け入れてくれる他者への信頼感をもって、子どもたちには学校生活を送ってほしいと願った。

(3)　怒りっぽくなっちゃう

　ユキが日直の日、体育があり、みんなを並ばせて運動場に連れて行くことがあった。しかし、いざ運動場で全員そろったか確認すると、2人ほど女子がいないことが分かった。私「なんで、みんないないの？」ユキ「だって、いないって教えてくれんからよ！」語気を強めて、まるで私に非はないと言わんばかりの口調だった。アカ「『待って』って言ったよ」と返すが、ユキ「聞こえんもん！」と言い返す。私「アカさんたちが悪かったのかなぁ。」ユキ「だって……」

　しばらくして、カリンとアオが「行く前に人数を数えればいいんじゃない？」と言った。私「えっ？ルールをつくるってこと？」うなずく二人。サーキットから戻ってきた男子に提案してルールをつくった二人だった。

　女子がサーキットに行っている間、ユキと話をした。私「ユキさん、みんなはユキさんを責めなかったね。分かった？」ユキ「私、すぐ人のせいにするし、怒りっぽくなっちゃう……」と言って泣く。私「本当は怒りたくないって思っているっちゃね」女子がユキを責めない理由が気になってきた。

　そこで、サーキットから戻ってきて全員がそろったときにその理由を聞いてみると、カリン「だって、ユキさんはリーダーでたくさん活動を教えてくれるから」と言った。ミル「分かる～」カリン「だから、私はあこがれてい

るんです」この言葉には賛同する子が数名いて驚いた。

　私「ユキさんは本当は怒りたくて怒っているわけじゃないらしいよ。本当はやめたいって思っているんだってよ」と言うと、ユキ「先生、クイズしたい」と言う。みんなは驚いたが、何か関連がありそうなので、聞いてみることにした。ユキ「なんで私は先生にぎゅうってするんでしょうか？」みんな口々に答える。正解は、ユキ「落ち着くから。あともう一つあります」とのこと。もう一つの答えは、「お母さんがぎゅうってしてくれないから」であった。私「みんなはぎゅうってしてもらう？」と聞いた。ユキが生き生きと自分のしたいことに忠実に行動しているのを見て、きっと自分もそうしたいと悩んでいる子もいると思ったからである。してもらう子・してもらわない子半々だった。私「ユキさんのこと、うらやましいって思わないの？先生に甘えたっていいんだよ」カリン「したいって思っているけど〜、恥ずかしいっちゃもん」私「そうだよね、あんまりみんなの前で抱きつくことはできないよね。いろんな甘え方があると思うし、ユキさんのようにやりたいことを『したい！』って言う力は大事な力だよ」ユキの力の陰で、本当にしたいことを言えないであろう、周りの子どもたちに向けてのメッセージだった。

2　国語の授業づくりを通した学習集団づくり

(1)　言葉を通じて、自分の世界を形づくる

　授業では、主に国語の物語文を通して、自分の姿を中心人物に重ねて表現し合う機会を設けたり、自分たちの生活世界と結びつけたりしながら読みとりを深めたりした。

　国語の学習では、行間を豊かにイメージさせるために、吹き出しを使って、登場人物の内言を書き言葉に表させる活動を重視している。たとえば、「おおきなかぶ」では、登場人物がかぶを引っ張って、抜けない様子を表した地の文を朗読させたあと、自分なら何というか「吹き出し」で考えさせて、一言付け加えさせるなどである。

　物語文「スイミー」にて。単元の導入では、スイミーの学習を進めながら、どんな活動（単元を貫く言語活動）がしたいかを考えさせるために話し合いの時間を確保した。子どもたちは、自分だけの「スイミー」の絵本を作って

みたいと考え出した。「スイミー」の物語の書き換えととらえ、「大きなかぶ」のときのように、場面ごとに登場人物の内言を吹き出しで考えさせ、創作絵本では、会話文を付け足す形で仕上げていくことにした。

　学習では、たとえば、スイミーと飲み込まれてしまった魚のきょうだいたちを比べ、「のみこまれてしまった」という叙述に着目させた。「こわい」「サメのよう」「突っ込んできた」「ミサイル」など突っ込んできたまぐろの様子を対象化させ、あっという間に体の中へ入ってしまうことに気づかせた。そして、飲み込まれてしまった魚のきょうだいたちを見たスイミーの想いを吹き出しに言語化させて書かせた。

　「スイミー」の創作絵本を仕上げた後の、コウという子の作文である。

> 　　「本をつくった」
> 　ぼくは、土よう日に、本をつくりました。本の名まえは、ようかいの本です。じぶんたちでつくりました。ようかいの名まえは、かっぱとぬりかべとトイレのはなこさんです。ほかにも、ようかいをたくさんかきました。ぼくは、本をつくっている人のきもちになりたいとおもいました。おにいちゃんといっしょに本をつくりました。ぼくと、おにいちゃんは、さらにパワーアップしました。すごくまたおぼえました。すごいです。なんか、ぼくのきもちがたかくたかくなりました。ぼくは、本やの人に、あこがれています。すごいとおもいました。

　この学習をしてから、コウは、毎日の日記を物語仕立てで書くようになった。また、「風がびゅうびゅうとふいている。」などといった、風景描写だけで何のことを書いているかよく分からない日記も書いてくるようになった。自分の物語に没頭し、絵本を作ることに熱中する子も見られるようになった。

(2)　ケンカするほど仲良くなれる

　日々、トラブルを丁寧に解きほぐすことを重視し、関わりを深める働きかけを行っている。

　体育の時間にしっぽとりゲームをすることになった。学級を白と赤チーム半分にし、ゲームを行ったが、白チームが圧勝することになった。何度行っても白ばかりが勝つので、「どうすれば赤チームと同じくらいの力になるかなぁ」と聞くと、「白チームの人を赤チームにあげればいいんじゃない？」と言うアカ。数人赤チームに移動してもらい、ゲームを再開しようとすると、

白チームのユキが泣いているのに気付いた。私「なんで泣いているの？」と聞くと、ユキ「だって、少ないから絶対負けるもん！」と言う。「やってみらんと分からんよ」と周りの子からなだめられ、立ち上がってゲームするユキ。しかし、白チームが負けてしまう。ナイト「ずるいやろ！赤チームが人数多いっちゃから！」と負けん気で赤チームに突っかかる。ユキも後押しする。私「さっき反対しなかったから、人数を変えてゲームしたんだよね。いつ反対すればよかった？」と聞きながら、その場をおさめ、体育が終わった。

　教室に戻り、班長会でユキとナイトの言葉についてふり返ってみた。「人数を変えるほかにも、作戦を立てたりすればよかったかも」とユキやナイトの気持ちに寄り添った意見が出された。また、「ユキさんとナイトさんはなんか似てる」という話題も挙がったので、ユキに聞いてみると、ユキ「前の班でケンカばかりしてきたから、似てきたのかもしれん」と言う。ソウが「あ！ケンカするほど仲がいいっていうもんね」と二人の関係をまとめた。

(3)　承認する力が芽生えた授業

　道徳「みみずくとおつきさま」という題材を使っての学習。学校ごっこをしていたもぐらたちの中に、乱暴者のいたちがやってきて先生もぐらに乱暴をする。「やめてよ。はなしてよ。」というもぐらたち。その様子を見ていたみみずくが、いたちの前に下りてきて、「らんぼうはやめろよ。」といたちをにらみつけた。いたちは逃げていった。それを空から見ていたお月さまが「よくやった。えらかった。」と言って、みんなを優しく照らすという話。主となる価値は「勇気」。教材文は以下の通り。

　もりの　うえから、まるい　おつきさまが　でて、のはらが　ぱっと　あかるく　なりました。

　こんやも、もぐらの　こどもたちの　がっこうごっこが　はじまります。

「さあ、みんな、こちらを　みて　ごらん。」

　せんせいやくの　もぐらは、そう　いって、こくばんに　「もぐら」と　かきました。

　その　ときです。いたちが　やって　きて、せんせいもぐらに　とびつきました。

「せんせいやくなんて、なまいきだぞ。」

　せいとの　もぐらは、こわくて、にげたく　なりました。でも、せんせいも

> ぐらが　しんぱいで、
> 「やめてよ。はなしてよ。」
> みんなで　くちを　そろえて　いいました。
> 　この　ようすを、みみずくが、きの　うえから　じっと　みて　いました。
> 　みみずくは、さっと　いたちの　まえに　おりると、
> 「らんぼうは　やめろよ。」
> おおきな　こえで　いって、いたちを　にらみつけました。
> 　いたちは、びっくりして、にげて　いきました。
> 　おつきさまは、その　ようすを、たかい　そらの　うえから　みて　いて、
> 「よく　やった。えらかった。えらかった。」
> と　いいました。
> 　そして、みんなを　やさしく　てらしました。

　「どんなことをするのが勇気？」と問い、日常生活において子どもたちが勇気を出した場面を交流した後、お話を読んだ。それぞれの人物の出てくる順序としたことを確認しながら、「どんな勇気が見つかった？」と問うと、もぐら、みみずく、お月さまが出された。ユキも「みみずくがいたちを注意したからえらい」と発言した。私は「そっか〜、いたちをあっちへ逃がしたもんねぇ、それが勇気かぁ」と反応した。（当初、私は、この教材に対して批判的に考えていた。誰かを悪者にして正義を貫いた人物は、“勇気”を発揮したのではなく、制裁を加えただけに過ぎないのではないかと思う。）

　もぐら、みみずく、お月さま、それぞれの「勇気」について、子どもたちが発表したことを板書して整理したのち、「これが勇気ってまとめていいんだね」と言うと、

　ナイト「先生、いたちだって勇気があるよ！だって、本当は、泣いて謝りたかったんだと思う」

と言った。私とほぼ同時に、周りの子たちが「どういうこと？」と頭にハテナが浮かんでいた。続けてナイトは「いたちくんは本当は、一緒にいたかったんだと思う。だって、みみずくに注意されたらやめたじゃん！」と言った。ミル「ナイトくんは、いたちも仲間に入れてあげないからいかんって言ってるっちゃない？」と返す。そうそう、とうなずくナイト。すげぇ！と拍手するリョウ。誰をも悪者にせず、仲間に入れてあげようとするナイトの心が温かく思えた授業であった。

ここで発表しているナイトという子は、幼稚園生時代にとても荒れている
と評判の子。3月末生まれのためか、とても小柄。地域では4年生の子を泣
かせることもあるほど勝ち気で強気な性格。6年生が入学準備で教室に来た
ときに「先生、ナイトがクラスにいるっちゃ！かわいそうやわぁ。怖いよぉ
〜」と冷やかされたくらいだった。確かに、一学期は些細なちょっかいが多
く、"自分が一番になりたい"と一列に並ぶときに他の友だちを押しのけて
並んだり、おにごっこのおにをするために、「俺、俺！」と周りを突き飛ば
してトラブルになってしまったりすることもあった。しかし、「本当はどう
したかったの？」と聞いたり、「言葉にするとこんな感じ？」などと聞き返
したりする中で、自分の想いを言葉にして伝えるようにうながしてきた。そ
れと同時に、ナイトが本当は友だちとつながりたいと思っていること、関わ
りたいと思っているからこそ、トラブルも増えてしまうことを周りや母親と
共有してきた。

　この授業を通して、人物の行動だけを見て、表面的に価値を理解するので
はなく、その行動を選び取ってしまった背景に目を向け、相手の想いを理解
しようとする、集団の心の育ちを見ることができた。この心の育ちこそが、
ユキの内面世界を受け止め、また、ユキを通して自分を表現しようとする発
達課題への挑戦を支えることになると考えるようになった。

3　みんなが跳べる縄跳び大会に！

　学年部（1・2年生）で8の字跳びが跳べた回数や伸び率を競う取り組み
である。昼休み、強制全員参加の学級も多い。隣の学級からは「今、そっち
のクラスは最高何回跳べる？」と毎日聞いてくる子もいる。正直、鬱陶しい。
体育の時間には技能指導を全員に、昼休みには「楽しい！」と思う子と一緒
に遊び感覚で。それしか練習してきていないためか、私の学級では圧倒的に
回数が1・2年生の中で少ない。

　大縄大会一週間前になってきた頃、昼休みに練習している子たちが、「な
んでみんなで練習しないのか」と私に訴えるようになってきた。そこで、体
育の時間に時間を設け、話し合うことにした。

　練習に来ない男子「だって、遊ぶ方が楽しいっちゃもん」

授業で子ども相互が理解し合うために　63

アオ「でも、このままだったら勝てないよ。それでもいいの！？」
同じ班のリョウが同意する。「やっぱり勝ちたい」（このまま勝ち負けだけの価
値になってしまうのか）と思った。すると、ある子が「先生、隣のクラスと
２年生は、何回跳べると？」と聞いてきた。そこで、休み時間に調査に行か
せた。

調査に行った子が「隣のクラスは100回で、２年生は150回くらいだって」
と教えてくれた。３分で150回ということは、計算上、30秒で全員が跳んで
いることになることを、子どもたちに伝えた。手拍子で１秒に１人１回跳ぶ
様子を伝えると、ユキ「連続とびじゃないと無理だ！」と言った。

私「みんな、あと４日でできるようになると思う？」

リョウ＆アオ「絶対できる！だって、勝ちたいもん！」

しばらく沈黙があった後、ソウが「僕は、連続とびができないから、きつ
い……」とミルに言ったことをミルが教えてくれた。

しばらく議論が続く。しかし、どの議論も決定的な考えには至らなかった。
長い沈黙の後、ユキ「じゃあ、『３分以内に、みんなが"一回は"引っかか
らずに跳ぶ』っていうのにしたら？」と言った。ソウの気持ちにも応えるよ
うに、できない人を助ける作戦も出され、結果、全員がユキの作戦を支持。
もっとも行動で示したのはアカだった。「できない人も入れて、みんなが跳
べないと、本当に成功したって言えないよ」という言葉が私の胸を打った。

そして、本番。隣のクラスに50回も差をつけられ、全クラスの中で圧倒的
に少ない回数だった私のクラス。私が「１回は跳べた人～？」と聞くと、全
員が手を挙げた。それを見回した子どもたちは、どのクラスよりも大きな声
で「やったぁ！！！」と喜び合っていた。

職員室にて。隣のクラスの担任「永江先生のクラスが跳びあがって喜んで
いたから、ウチのクラスは負けたって思ったじゃん。何のことか意味が分か
らんかったっちゃけど……」

私のクラスでの目標のことを話すと、教頭「上から見ていたけど、大縄大
会での成長って、そんなところに表れるんだねぇ。目標に対する子どもたち
の成長ぶりが歴然でしたよ。」と評価して下さった。

大縄大会でのまとめのMVPはアカだった。ユキが言いだした目標に真っ
先に賛成したこと、本番も跳べていなかった人に声をかけていたことが友達

に認められていた。

　授業を通して、学習内容にあらかじめ埋め込まれた価値を乗り越え、相互応答的な関わりのなかで、子ども集団が求める隠れた価値を追求し合ってきた。それは、決して今の学校や社会、国が求める学校的価値に埋没してしまう子どもを育てることではない。教師と子ども、子どもと子どもの関わりのなかに、互いを認め、理解し合いながら、子どもたちが求める価値へと迫っていく主体として、子ども自ら立ち上がっていくための指導こそが、いまの授業や集団づくりに求められているのではないかと考えている。

　教師があらかじめ設定した学習内容に迫るために、学習に関わる「つまずき」や「つぶやき」を拾い上げることが第一に重要なのだと考えてはいない。それはきっと、子どもたちの生活世界を背景にして学習を進めていくベクトルだけではなく、学習から出発して子どもたち自らの生活世界に立ち向かい、それを拡げていこうとする可能性をも保障していくものになると信じている。授業で子どもに学び、授業で子どもと出会いながら、発見したその子らしさと共に、これからも授業に挑んでいきたいと思う。

（永江　隼人）

4　「学校的価値」を乗り越える学習集団を創造する指導の視点と課題

　学級のなかに子どもの集団は、ある。だが、それがそのまま学習集団であるわけではない。その集団を学習集団に育てていきたい──そう願う人びとによって実践的かつ理論的な営為が積み重ねられてきた。

　では、なぜ子どもの集団を学習集団に育てたいと願うのか。その願いの背後にはいくつもの問題意識があるであろうが、本稿の対話相手である永江隼人氏による記録「授業で子ども相互が理解し合うために」実践（以下、永江実践と略す）には、「今の学校や社会、国が求める学校的価値に埋没してしまう子ども」に育ててはならぬという問題意識が記され、だからこそ「授業を通して、学習内容にあらかじめ埋め込まれた価値を乗り越え、相互応答的な

関わりのなかで、子ども集団が求める価値を追求し合」う授業を創りだした
いという願いが描かれていると思われる。
　こうした願いを抱く教師がいるという事実に励まされながら、永江実践は
彼自身の願いに応えうるものであるか否かを批判的に検討することを通し
て、子どもの集団を学習集団に育てていく指導の視点について若干の問題提
起を行ってみたい。

⑴ 「学校的価値」の影響力

　学習集団に育てていく指導を考える上で大切にされてきたものの一つに、
「呼びかけと応答」という一対の鍵概念がある。それは、声にならないもの
も含めた子どもからの呼びかけの意味をどのように分析するか、その呼びか
けへの応答はどのようなものであるべきかを問えと迫る概念である。あるい
は、子ども集団の現状をどのように分析し、どのような呼びかけこそがふさ
わしいのかを考えよと迫る概念である。そこに「正答」はない。だからこそ、
教師が「揺れる」のは必然である。もちろん、永江実践にも「揺れる」永江
氏の姿が描かれている。その「揺れる」姿には、現代を教師として生きよう
とする者が避けては通れぬ課題が現れている。少し詳しく見てみよう。
　永江実践に記されている限られた情報だけでも、ユキは相当に困難な生活
のなかを生きていることが推察される。それだけではなく、「『私、すぐ人の
せいにするし、怒りっぽくなっちゃう……』と言って泣く」ほどに自己内対
話ができる子どもでもある。この姿からは、彼女の生活背景は彼女をして大
人になることを急がせるように影響を与えているとも推察される。
　そのようなユキは、道徳の時間に書くよう求められた「ありがとうを伝え
たい人」として永江氏を選び、ミルの呼びかけをきっかけに「嬉し涙を流し
ながら、しばらく抱きついたまま固まっていた」という。父親と離婚して母
と２人、隠れるように「倉庫の二階」に住み、近所に住む兄２人とも交流が
少ないユキが、思い切ってぶつかっても受けとめてくれる大人として永江氏
を見ていたことは想像に難くない。だがあろうことか永江氏は、こうしたユ
キに対し「数日後の教育相談」の場での対話のなかで、「じゃあ、誰でもい
いじゃん。先生以外に見つけなよ」と言い放つ。この語りの直前にユキが言っ
た「大きい人」のなかに永江氏も含まれていたであろうに。

さらに、先にふれた自己内対話をユキが声に出している場面では、それを周りの子どもたちにも伝えてユキの「クイズ」を引き出し、それに対して「ユキさんのこと、うらやましいって思わないの？先生に甘えたっていいんだよ」と応答しながら、「そうだよね、あんまりみんなの前で抱きつくことはできないよね」と、「本当にしたいことをやりたくても、やっていいことと悪いことがある」ことを言外に匂わす。

「親を含め、他者に甘えたいという気持ちを押さえ込み、学校的価値に覆われた一年生生活を送っている子どもが、どのくらいいるのだろうか」と問い、「基本的信頼感を獲得するという幼児期の課題を抱えたまま、あるいはくぐり抜けることなく通り過ぎてしまったように見える子どもも増えてきているように感じ」ていながら、永江氏は「学校的価値」にそぐわない「みんなの前で抱きつく」ことは拒否する。永江氏をしてこのような状況に陥らせるものは何であるか。それこそがまさに永江氏のなかにある「学校的価値」であろうし、「永江先生は子どもに甘いから、先生の学級は落ち着かないのですよ」と陰に陽に伝えてくる、やはり「学校的価値」を相対化することができない同僚からの眼差しであろう。

「学校的価値」を乗り越えていく授業を創造したいと願う教師に立ちはだかるのは、他でもない自分のなかに巣食う「学校的価値」であるという皮肉。これこそが、現代を教師として生きようとする者が避けては通れぬ、最も困難な課題の一つであろう。だが、興味深いことに永江実践は、「学校的価値」に翻弄されながらも、その克服の手がかりをわたしたちに示してくれてもいる。この点について、節を改めて考えてみよう。

⑵　働きかけるものが働きかけられる

「みみずくとおつきさま」を教材にした道徳の時間に、勇気とはいかなるものであるのかを考えてきた子どもたちと永江氏は、「先生、いたちだって勇気があるよ！　だって、本当は、泣いて謝りたかったんだと思う」というナイトの発言に戸惑う。この戸惑いは、教材に描かれたいたちを単純な悪者として読んでいることに由来するのであろうが、そのこと自体、永江氏たちが「学校的価値」にとらわれていることを暗示している。そうした状況に、他でもないナイトが風穴を穿つ。

ナイトは、「先生、ナイトがクラスにいるっちゃ！ かわいそうやわぁ。怖いよぉ〜」と６年生が冷やかしてくるほどの「評判の子」である。実際、一学期には数々のトラブルを起こしてもいる。このナイトに対し、永江氏は「『本当はどうしたかったの？』と聞いたり、『言葉にするとこんな感じ？』などと聞き返したりする中で、自分の想いを言葉にして伝えるように」うながすことを続けたという。さらには、「ナイトが本当は友だちとつながりたいと思っていること、関わりたいと思っているからこそトラブルも増えてしまうことを周りや母親と共有してきた」という。永江氏によるこうした働きかけの積み重ねのなかに、先のナイトの発言がある。

ナイトの発言は、いたちの行為の背後にある、いたちの「本当はどうしたかったのか」を彼なりに読みひらいたものである。それは、彼が永江氏からしてもらってきたことに他ならない。彼は、永江氏との対話のなかで自分が「本当はどうしたかったか」を見つめ、言葉にするちからを育み、そのちからをこの時間に友だちの前で発揮したのである。自分と同じように「困ったやつ」と思われているいたちの想いを代弁するかのように。彼のこうした姿を引き出したのは、諦めることなく働きかけ続けた永江氏の指導の賜物であることは言うまでもなかろう。

さらに特筆すべきことは、永江学級の子どもたちがこのナイトの発言の意味するところを理解できたことにある。「学校的価値」を乗り越えようとするナイトと同じ地平に子どもたちは立つことができたのである。これもまた、永江氏がユキやナイトのような種々のトラブルを学級に持ち込んでくる子どもを排除せず、むしろそのトラブルの事実を大切に受けとめながら指導を積み重ねてきたことの成果であることは疑いがない。

ここに、現代を教師として生きようとする者が「学校的価値」を克服する上での重大な手がかりがある。自らが理想とする実践に近づこうと悩み、苦しみながらも学び続け、試行錯誤しながらもその学んだ経験に基づいて「どんな子どもも排除しない」ように働きかけ続けたとき、その指導を通して育ってきた子ども集団が、「学校的価値」に囚われた教師にそれをともに乗り越えようと手を差し伸べてくれるのである。

(3) 学習集団を生みだすしくみの構築

　永江氏に手を差し伸べてくれる永江学級の子ども集団にあって、「学校的価値」を乗り越える方へと舵取りをしている子どもの存在を、自覚できているか否かは別にして、永江氏は見逃していない。ミルである。ユキに永江氏に抱きつきにいくよう促したのも、ナイトの発言の意味を子ども集団に理解できるように意味づけたのも、ミルである。

　このミルの存在を永江氏は見いだしてはいるが、この子どもの存在を意識的に活かそうとしている記述は見当たらない。ミルへの働きかけを意識的にしないことに永江氏なりの考えがあるとも思われるが、あえてこの点について言及してみたい。

　実践方針の一つとして考えられるのは、ミルをリーダーとして育てていくことであろう。「学校的価値」を乗り越えたいと願う永江氏の実践構想において、ある意味で永江氏以上にその価値を乗り越える方へと子ども集団を導くミルのふるまいは、まさにリーダーとしてのそれである。

　だが、ミルに対し永江氏が直接的にリーダーとして登場するよう働きかけていくことは、ミルを「教師の手先」に堕すことにつながりかねない。永江氏もおそらくこのことを危惧しているのであろう。この難問を解く手がかりはどこにあるであろうか。

　ここで学習集団の原点に立ち戻って考えてみよう。学習集団とは、授業という時間と空間のなかで、現われては消えるような類のものではないはずである。子どもたちが学習に向かい合うことができるよう互いに励まし合ったり、仲間の声に耳をすませながらその意味するところを引き受けて応答し合ったりするのが学習集団であるならば、その存在を授業の時間内に限定する必要はなかろう。むしろ、授業の時間内に学習集団としての本領が発揮されるよう、換言するならば、子どもたち一人ひとりが学習権を行使するとともに、それを互いに保障し合う集団であろうとするために、学級での生活のなかに一人ひとりが種々の権利を行使しながら権利行使主体として育っていくしくみをつくりだしていくことが重要ではないだろうか。

　ここでいうしくみは、係活動や学級内クラブの活動として展開されるかもしれないし、班長会や学級総会として位置づくものでもあるかもしれない。いずれにせよ、子どもたちが永江学級で学ぶという営みの当事者として立ち

現れてくるようなしくみを子どもたちとともに創りだしていくこと、そのことが永江実践の課題の一つとして浮かび上がってくるのではないだろうか。

　「揺れる」永江氏の実践は、まさに「揺れる」実践であったからこそ、学習集団研究の現在を問い、その可能性と課題を考えていく上で貴重な手がかりをわたしたちに示してくれている。その手がかりはここで言及しえたものにとどまることはないであろう。だからこそ、永江実践を読みひらき、そこにある希望を確かなものにしていく学習集団をともにつくりだしていこうと呼びかけて、本稿を閉じたい。

（福田　敦志）

第2章
気になる子どもを中心にした授業づくり

　新任1年目で担任を持ったとき、授業の難しさに直面した。指導書通りの発問をしても、指導書の模範解答は目の前の子どもから出てくることはなかった。そんな想定外の子どもの発言を、自分が想定している答えに誘導するような言いかえをして授業を進めていたこともあった。その時期に行っていた教材研究や発問、授業計画は、私が指導したという満足を得るためのものと言ってもおかしくないくらいに、当時の受け持っていた子どもたちにとっては面白くない授業だったと振り返る。

　どうにか新任の1年間が終わった頃、子どもたちの学校生活で休み時間より圧倒的に多い授業という時間の中で、例えば、放課後でサッカーをしているときに見せるような、活き活きとした学習場面をつくることが私の仕事ではないかと考えるようになった。そして、縁あって学習集団づくり研究会・大阪サークルに参加するようになり、定例会や自主学習会、学習集団づくり夏季一日研究会等で発表する機会をいただき、学ぶことができている。そうした場で、多くの大学の先生や、現場の先生から様々な助言や意見をいただけるような環境にいることを、とても感謝している。

　大阪では、しんどい生活を背負わされた子どもを、愛情を込めて「しんどい子」というが、大阪の学習集団づくり研究では、まさにこの「しんどい子」に「まなざし」を向けてきた。この「しんどい子」が「気になる子」と言われる場合が多い。私自身、学級担任をしていると、目の前にいる子どもの状況のしんどさにしばしば直面する。朝ごはんを食べることができずに、学校で水道水を飲んで給食まで我慢している子、朝学校に行こうとしても家族で最初に起床しているのが自分で何もやる気が起こらない子、家では親の顔色を窺って精一杯生活し、その分、その押さえつけた感情を学校で発散するかのようにちょっとしたことで暴れる子……。こんな子どもたちが、まずは学

校に来ること、そしてこの学級に子どもたちの居場所を大切にして、授業を
つくっていかなければならない、と私は考えている。

　もちろん、気になる子どもを中心にした授業づくりは、大変難しい。様々
な場面を想定しても、実際の授業では想定外の反応が乱発する。しかし、授
業中の子どもからのストップ発言、例えば「考えたいからちょっと時間がほ
しい！」「班で話したい！」などの要求を今か今かと待っている私がいて、
学習内容に合った要求を瞬時に判断し、ときには横道にそれながらも、学習
内容に昇華させていくような授業を子どもたちとしたいと強く思うように
なった。そして、子どもたちの状況を見て、授業中にどの子も活躍する場面
を想定しながら、気になる子どもが、普段できるとされている子どもから頼
られて課題を解決するような、いわば逆転の状況をも、どうすれば子どもた
ちとつくることができるかを目指している。

　今回は、その逆転の状況が生まれた２つの授業を取り上げる。対象は、２
年次・３年次とクラス替えはあったが連続して２年間受け持った子どもたち
である。この子どもたちとの出会いから、気になる子どもが授業で問いを出
せるような学習集団づくりに取り組んだ実践を報告する。

1　「キレる」けど優しいＡと「キレる」けど面白いＢとの出会い

　この学年の子どもたちとの出会いは、衝撃的だった。講堂で静かに待たな
ければならない場面で、話を聞かずに喋っていて、注意した先生に向かって、
「だれやねん！」「はぁ？知らんし！」などと暴言を吐いたり、遊んだりして
いた。それは、講堂の放送室にいる私にも聞こえてくる程であった。

　この子どもたちは、周りの状況に関わらずそれぞれバラバラに行動してい
るように思えた。このような印象から、私は次のように考えた。

　①今までに他人から一人ひとりの良さを見てもらう経験が十分になかった
　　のではないか

　②学級のみんなで互いの良さを感じ、協力する経験が十分になかったので
　　はないか

　こうした考えから、この子どもたちのベクトルを集団に向け、子どもたち
自身が協力する良さを感じる機会を作りたいと考えるようになった。

まず、学級の中で気になったのはA（男子）だった。家庭のしんどさもあり、学校に来づらい状況が多くあったAは、友だち同士で話しているときは楽しそうに話しているが、語彙が乏しく、言いたいことを上手く言えずに、ときには手が出たり、「キレる」ことで怒りを表現しようとしたりすることがあった。しかしAには、泣いている1年生に「どうしたん？」と保健室に連れて行くような行動もあり、こうしたAの優しさに気づいている子どももいた。そんなAの優しい部分にまなざしを向けた。

また、もう一人気になったB（男子）は、友だち同士での喧嘩が多く、自分の嫌なことがあると、手が出たり、「やめろ！」「死ね！」「どっかいけ！」ときつい言葉を放ったりしていた。「キレる」ことで、周りの子が自分の思い通りにいうことを聞くということを経験的に身につけていた。しかし、面白い発想で周りの友だちを笑わせることが好きで、周りの友だちもそんなBのことは好きだった。そこでBの発想やアイディアを活かし、授業に取り入れて学びが深まる場面をつくろうと思った。

このAとBは、二人になるとトラブルになることが多く、暴言や手が出ることがあった。そのたびに、仲裁に入った周りの子どもに対しても、Aは「関係ないやんけ！」と暴言を吐いたり、Bは突然殴りかかったりすることがあった。

2 「話す」「関わる」「つながる」学級づくり

⑴ 「でも高速で通るからな！」～ハイタッチで繋がる～

4月当初、子どもたち一人ひとりとつながるために、休み時間でも授業中でも子どもたちと会話をするようにした。私が話しかけたり、子どもたちの話を聞いたりすることで、まず「私＝話せる人」であるという信頼を持ってもらうことがねらいであった。

例えば、朝や帰りは、「あいさつハイタッチ」を行った。ハイタッチをすることで自然と子どもたちと気持ちの面で近付くことができ、また、会話をつなげるきっかけにすることができると考えたからである。廊下や教室のドア付近で、「○○（子どもの名前）、おはようございます！」とハイタッチをしたら、ノリのいい子どもはすぐにハイタッチをしてきた。勢いに飲まれて

ハイタッチをしてくる子どもや、私の方を見るだけの子ども、わざと遠回りをして、私の近くを通らずに違う扉から入る子どももいた。

次に、もっと関わっていくために、挨拶の他に一言付け足して会話をするようにしていった。「(元気よく挨拶した子どもには) めっちゃ元気やん!」「(会話の続きをするような感じで) 昨日のサッカーの練習、どうやった?」「(ちらっとでも向いた子どもには) 向いてくれてありがとう!」など、これを根気強く毎日繰り返していると、次第に今度は子どもたち同士でハイタッチをしている様子が見られるようになったので、私はすぐに、「わー!いい感じ!」「続いては……!」と周りの行動を促すような声かけをするようにした。すると、ハイタッチが盛んになっていった。

このときAは、しばらくわざと遠回りをして、こちらの様子を伺うような態度を取っていた。この時点で大事にしていたことは、決して無理強いはせずに、先に周りの雰囲気をつくることであった。「Aさんおはよう!」と言い、わざと私の前を通らなかったAに対し、アナウンサーの実況中継風に、「おっ、今日も先生の前を通らないことに成功しました!連続記録更新!」などと笑いながら声をかけていくと、Aも少しずつ反応を返すようになった。こちらを見ているだけの状態→こちらを見て笑う→「先生、連続記録更新ってなんなん!」「明日は (私の前を) 通ってみるわ。でも高速で通るからな!」といった言葉を交えた反応へと変わってきた。

また、Bへは、一人になっているときや、ドッジボールの外野で少し退屈しているときや、鬼ごっこをしているときに追いかけながらや、「けいどろ」で同じチームに意図的になって作戦を立てながら話して、様々な場面でこまめに関わっていった。

このように、気になる子どもを含めてクラスの子ども一人一人の気持ちを知るために、寄り添っていく声かけを行った。

(2) シールラリーで子どもをつなげる!

挨拶を交わせるようになれば、次に名前を呼び合うことがコミュニケーションの次の一歩と考え、ここで、私は通常行われる自己紹介の方法を取らずに、「よろしくね!シールラリー」をした。自分が呼んでほしいニックネームをタックシールに油性ペンで書き、ハイタッチをして、友だちのシールを

集めていくものである。ここであえて私は、自己紹介のやり方を伝えなかった。すると、子どもたちの中で、「なんて呼んでほしいの？」「俺は○○！」などと会話が生まれた。この様子をみんなに紹介することで、形式的な自己紹介よりも会話が進んでいった。

このときのAは、自分のニックネームをどうするか悩んでいる友だちのところに寄って行き、「他に呼んでほしいニックネームってある？」と聞いていて、その姿を見つけた私は、Aのこの様子をみんなに紹介した。Bは「(全員分）集まった！コンプリート！」と、全員のシールが集まったワークシートを大事そうに持って喜んでいた。

このように、子どもが活躍する場面で見つけた良いところは見逃さずに本人に伝えたり、クラスのみんなに伝えたりして、良いところが広がっていくような声かけを心がけた。

3　気になる子が活躍する授業

ここでは、このクラスの大きな起点となった運動会『創作ダンス』（2年生2学期）と、子ども同士の様々な関係の変容が見られた後の国語科『モチモチの木』（3年生3学期）を取り上げる。

⑴　「おれらの心を一つにせなあかんやろ！」～運動会『創作ダンス』～

1学期のあいだAを見ていると、音楽が好きで、曲に合わせて体を動かすような素振りが随所にあった。高学年の音楽クラブのダンスを友だちと見に行って踊ってみたり、放課後に、Aが友だちと一緒に自分たちでダンスを創ったりしていた。Aはどうやら運動会のダンスをとても楽しみにしているようだった。運動会に創作ダンスを取り入れることでこのAの力を活かせると考えた。そこで、あるときAも含めて、ダンスをしているみんなに「この調子で運動会のダンスを創ってみる？」と聞いてみると、Aは、「えっ？ダンスって創れるん？」と反応し、周りも「楽しそう！」などと口々に話し始めた。するとAは、「なぁなぁ！こんなダンスは？」と言いながら踊って見せた。すると、周りのみんなもAの真似をして踊り出した。この様子から、創作ダンスを取り入れることで、一人ひとりの良さを友だちやお家の人に見てもら

うことができるのではないか、また、力を合わせてつくりあげることの楽し
さを感じることができるのではないかと考えた。これは、私にとってもチャ
レンジだったが、それでも、Aとこの子どもたちの可能性を信じてみたくなっ
た。だからこそ成功するために1学期のあいだや、夏休みのプール開放中な
どに何人か集まって話し合い、ダンスの動きを少しずつ創り、準備をした。
　そして、2学期の始業式。学年全体で運動会のことについて話す時間をと
り、私の思いを学年全体に次のように伝えた。

　　・レベルの高いダンスにチャレンジすること（やった！という充実感のため）
　　・ダンスを自分たちでつくり上げること（協力する良さに気づく機会にする
　　　ため）

　そのための目標をみんなで決める話し合いをしていると、Bが「そりゃー、
おれらの心を一つにせなあかんやろ！」と発言した。この発言は、この後の
流れを決める大きなものであった。Bがこのような発言をするとは、全く予
想していなかった。Bのこの発言を絶対に活かしたいと思い、すかさず取り
上げた。私が「おれらの心を一つにってどういうことかな？」と問い返すと、
Bは、班のメンバーの方を気にしつつ、「ちょっと班のみんなにも聞きたいし、
話したい」と言った。その発言に、周りも頷いて同意している様子だったの
で、それぞれの班で話すことにした。「みんなが楽しく」「見ている人も楽し
く」「私たちが笑ってる」などの意見が出てきて、「心を一つに」のテーマに
ついてのイメージが共有されていった。それから、「テーマに合った曲は？」
「入れたいダンスは？」と、どんどんと話し合いが進む中、一人が「なんか（ア
ニメの）ワンピースみたいな……」とつぶやいた。するとBは「それな！」
とすぐに反応し、他の子どもたちも頷いていたので、そこから「ワンピース」
を題材にすることが決まった。そして「心を一つに　2年○○人　最高のワ
ンピースに！」という目標と、使用する曲が決まった。全員共通ダンスの部
分と、グループごとの創作ダンス部分（1分20秒）を決め、グループごとに
創作に取り組んだ。進め方として、まずAを含めて1学期からダンスを考え
ていた何人かに「放課後一緒にダンス考えてみる？」と個別に声かけし、ダ
ンスリーダーチームのメンバーを募集した。するとAは、恥ずかしがりなが
らも、ダンスリーダーチームに入った。ひとまず、ダンスリーダーチームで
動きを考えて、各グループに戻ってそれぞれのグループのダンスの動きを考

えるヒントになるように、ダンスリーダーが広めていくという方法をとった。私はこのグループの活動でAとBを同じ班にすることにした。Bは、Aが放課後に踊っている際、「Aって（ダンス）うまいんやな。おもろい！」と言ったことがあった。このBの発言は、私はAとBが一緒の班で取り組むことができるチャンスだと思った。あえてAとBを一緒にしてダンスに一緒に取り組むことで、AとBとを、そして他の子どもたちと繋げたかった。私の役目は、Aを含めたダンスリーダーチームの練習しているときの頑張りや、Bや他の班のメンバーの頑張りを様々な場面でクラスに伝えることだった。AとBが班でダンスを決めていく中で、もちろんトラブルもあった。しかし、頑張っている様子を周りに伝えていくことで、周りの子どもたちのAやBへの声かけの仕方は変わってきた。「一緒にやろうや！」「Aもめっちゃ練習してたで」「Bに聞いてみようって言ってたで」など、班の一員になっていく温かい言葉がたくさん生まれてきた。このような経験から、班でダンスをつくることを楽しめるようになり、これまで話し合うことができなかった子どもたちが、創作ダンスを通して、話を聴く、譲るなどの話し合う活動ができるようになってきた。そんな中でBは「ワンピースやったらルフィやろ。ルフィみたいにせな！」と言い出した。周りの子どもたちも、「そうやな！」「帽子かぶりたい！」と言っていたので、すかさず私は、「いいねぇ！帽子どうやって作る？」と返した。このBの発言も予想していなかったが、少し前に、国語科の教材に出てくる主人公の帽子を子どもたちと作っていたので、この体験と結びつけられると考えた。そして、すぐには伝えずに、子どもたちの中で気づくのを待つという方法をとった。しばらくして、「（えっちゃんの帽子を指差して）これやっ！」と一人が言い、みんなが賛同し、図画工作科の時間を確保して運動会の際の小道具づくりが始まった（図1）。

本番では張り切ってダンスに取り組み、子どもたちにとって、友だちとアイディアを出してやり切った経験になった。この経験から、話し合うことでみんなのアイディアから一人ではできないような楽しい、面白いことができるということを学

図1　小道具の帽子づくり

んでくれたのではないかと思う。

(2) 「一つになんか決められへん！」～国語科『モチモチの木』～

　この実践は、自主学習会での、「モチモチの木」を題材の教材研究が参考になった。トチノキの生育の仕方を調べて、学習会のメンバーとトチノキ通りに出かけて実際に見て高さを体感してみたり、文中の「（じさまのつくってくれたトチモチが）ほっぺたがおっこちるほど、うめぇんだ」の表記から、トチノミをもらってつぶして実際に食べてみたりもした。他にも、文章中の対比技法を中心に整理したり（表1）挿絵の一場面での絵本と教科書の違いや、絵本には書かれているが、教科書では省かれている文について議論したりした。また、教科書でも光村図書出版や東京書籍での文末表記の違い（例「ない」「いない」）（表2）についてなど、教材解釈を丁寧に行った。

表1　文中の対比技法（一例）

対比軸1	対比軸2
くまみたい	子犬みたい
豆太	医者様
灯がついている	灯がついたようだ

表2　教科書会社の表記の違い（一例）

光村図書出版	東京書籍
豆太ほどおくびょうなやつは<u>ない</u>	豆太ほどおくびょうなやつは<u>いない</u>

　発問を作っていく段階では、メンバーから出された「怖さ」に焦点を絞った。各場面で共通して、「この場面での豆太の怖さは何でしょう」と発問すると、どのような応答予想ができるかと話していると、「脳内メーカー」というアイディアが出てきた。これは、インターネットサイトのゲームにヒントを得て、この場面の豆太はどんな気持ちだったかを考える際に、主な気持ちを大きくかき、他の小さい気持ちも大切に見ていくツールとして活用するアイディアである。（図2）これなら、普段物語文の登場人物の気持ちを、言葉で表現するのが苦手な子ども

図2　豆太の気持ち（提示したイメージ図）

にも表現できるのではないかと考えた。

　この教材研究の際、私は気になるAをイメージした。Aは、物語文の主人公の気持ちを文にして書くのが苦手だった。そのときの気持ちを単語や動詞で書き、それぞれの気持ちの強弱が面積でわかるようなこの脳内メーカーは、Aや、気持ちを考えるのが苦手な他の子どもの支援になると感じた。そこで、仕掛けとしてこの授業に入る前段階に「今の自分の気持ちは？」として、自分の気持ちを考えることを練習として取り入れた。

　最初に私が「みんなの頭の中を当ててみましょう。……じゃあBの頭の中は……！」とBの頭に掌を向けながら言った。この実践がちょうど給食前の4時間目だったので「『おなかへった〜』がこれくらいで……『今日の給食何やったっけ？』がこれくらいで……『今日帰ったらあのゲームしよう』がこれくらいで……『今話聞いとこか』がこれだけ。（黒板に図示しながら）」と笑いながら言った（図3）。

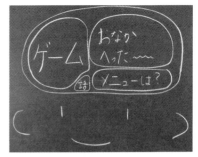

図3　黒板に図示した頭の中の例

　Bは「なんで分かったん！！」と言ったので、私は「今の自分の頭の中、こんなふうに（先のBの例で図示したように）書くことができるかな」と言うと、「できる！」「やる！」とクラスの子どもたちから反応があり、それぞれ自分の今考えていることを書き始めた。Bは自分の気持ちを考えるのはもう終わっていたので、班のメンバーをきょろきょろと見て、「じゃあ俺はAの頭の中を当ててやるー！」と言い出した。この発言はAとBが関わるチャンスと感じて、発言を取り上げ、「じゃあ次は友だちの頭の中を書くことができる？」と投げかけると、BはAのことを考え始めた。私の想定を超えてその時の気持ちだけでなく、人柄や性格まで書き始めた。その中の一つに、BはAに向けて「やさしい」と書いた。Aはちょっと恥ずかしそうな、でも嬉しそうな顔で、BがAに向けて書いた脳内メーカーを指差して「ありがとう」と伝えていた。AはBに向けて、「アイディア番長」と書いて、Bは「まあな！」とまんざらでもないような応答をしていた。このような発言はクラスの中で他にもたくさん生まれたので、

クラスで共有した。

「モチモチの木」の単元に入り、本文を読み取る際の初発の感想で、クラスの多数の意見で主人公の豆太の気持ちはあたかも一つであるように話が進んでいった。そのときであった。Aが、「でも（豆太の気持ちは）一つじゃない。一つになんか決められへん」と発言した。私はAがこのような発言をするとは想定していなかった。驚いていると、普段物語文の読み取りが得意な子どもが、「えっ！？一つじゃなくていいの？」と発言したのである。子どもたちの中で、もっと主人公のいろんな気持ちを考えたいという思いが出てきたようだった。このAの発言は、「できる」子と「しんどい」子の逆転を生んだのである。

私が、「それじゃ豆太の気持ちのいろいろを考えてみようか」と投げかけると、Bが、「あれ（『今の自分の気持ちは？』）でやろう！メモ取りたい！」と言って、それぞれに考え始めた。Aは、班の中で話しながら「豆太はいっぱい思ってることあるって！」と言い、例えば、「真夜中寒い中、2kmも山の上から走って降りて来るなんて、怖かったやろうし、寒かったやろうし、どないしようって、わーってなってたと思う」などの発言があり、主人公の気持ちを考えて書くことができた（図4）。

この作品中、子どもたちの中から、「この場面の豆太の気持ちはいろんな気持ちがあると思う」などの意見が出て、主題にせまるための手段の一つとなった。

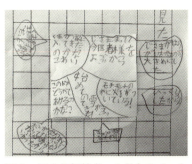

図4　豆太の気持ち　Aさんのノート

AとBとの変化は、①相互の関係性②集団の中での関係性の2点が挙げられる。2年生の始めは、一緒に遊ぶことはあるが喧嘩が多く、話し合ってみるということができなかった。ところが、3年生の終わりは一緒に遊ぶことが増え、トラブルもあったが、「ちょっと待ってや！」「どういうことなん？」などと話し合う場面も見られるようになった。集団の中でも、AやBが頼られている場面も多く見られるようになってきた。ともすれば、AやBのよう

な気になる子どもは、一方的に集団に支えられがちであるが、気になる子どもが問いを出せるような学習集団になっていったと感じられた。

　振り返ると、気になる子どもがどんな背景を持っているのか、どんな性格なのか、これまでの子どもたちの人間関係の中でどんな状況だったのか、またどんな立場になりやすいのかをつぶさに観察することを心がけていた。そして、子どもと密接に関わっていくことで、ときには仕掛け、ときには偶然を活かしながら、より教材研究、発問、応答予想を深く考えるようになったと思う。これからも、気になる子に寄り添いながら、どの子も伸びたがっているという思いを大切に、学習集団づくりに取り組んでいきたい。

参考文献

小泉靖・佐久間敦史「魅力ある発問づくりにつながる教材研究－発問の再定義－」深澤広明・吉田成章責任編集『学習集団研究の現在Vol.1　いま求められる授業づくりの転換』溪水社、2016年。

豊田ひさき『21世紀型授業づくり　学び合い分かち合う学習集団づくり』明治図書、2001年。

豊田久亀・東川持『授業を創る　授業を読む』松籟社、1991年。

吉本均『学級の教育力を生かす吉本均著作選集4　授業の演出と指導案づくり』明治図書、2006年。

（玉城　明子）

4　「しなやかさ」を基盤とした気になる子どもに対する教師の「まなざし」

　もし、教師としての玉城さんを一言で表現するならば、私（森）は「しなやかな人」と言うだろう。それは、彼女が単に「しんどい子」に対して寄り添い、上手に対処しているからだけではない。私からすれば、彼女のそうした「しなやかさ」は、「悩むことができる」資質とも関係している。新任1年目で、子どもたちの様子や反応から自らの授業の稚拙さに悩み、資質・力量の向上を志向していた点だけ見ても、玉城さんの教師としてのセンスの良さと高さが窺われる。

　そうした玉城さんの「しなやかさ」は、今回の報告では3つの行動として

存分に発揮されている。それは、「観察する（＝決めつけずによく見る）」、「仕掛ける」、そして、「偶然を生かす」ことである。以下、この行動に着目して、玉城さんの実践について解説したい。

(1) 子どもに寄り添った観察と仕掛け

　玉城さんは、とにかく子どもたちを観察して（決めつけずによく見て）いる。講堂で話を聴かずに暴れたり、暴言を吐いたりする子どもらに初めて出会ったとき、彼女は、衝撃を受けながらも、「乱暴で悪い子どもたち」や「話も聞けんようなあかん子どもたち」といった否定的評価を下して、問題の原因を子どもたち自身のせいにしていない。むしろ、「どうしてそのような状況になっているのか？」と、子どもの目線に立って思いを巡らせている。そして、「他人から一人ひとりの良さを見てもらう経験が十分になかったのではないか」、「学級のみんなで互いの良さを感じ、協力する経験が十分になかったのではないか」というように、子どもに寄り添う姿勢で子どもたちの現状と課題を把握しようと努めていた。

　そうした、子どもに寄り添った「観察」を踏まえて、彼女はさまざまな手立てを講じていく。つまり、「仕掛ける」わけである。「ハイタッチ」も、先生と挨拶することだけが目的ではなく、玉城さん自身が子どもの様子や反応を探る意図も込められている。ノリの良い子、勢いに飲れてハイタッチしてくる子、見るだけの子、避ける子……、いろいろな反応を子どもたちはそれぞれ示してくる。それらの反応から子どもたちの新たな姿を知ることで、玉城さんは、また次なるかかわりの策を講じる。「シールラリー」も、この子たちの目線に下りて考えた彼女なりの次なる「仕掛け」だったと言える。

(2) 偶然も生かした「気になる子（しんどい子）」への関わり

　もちろん、玉城さんは「気になる子」（「しんどい子」）への関わりも忘れていない。AとBへの関わりも、子どもに寄り添って観察した玉城さんならではの仕掛けが随所に見られる。例えば、Aがダンスを好きそうだということは、特別活動（クラブ活動）での様子や、放課後での様子を玉城さん自身が見ていたからこそわかったことである。これをチャンス（機会）ととらえることができた（見ただけで終わる可能性もある）玉城さんは、クラス全体を巻

き込んで、運動会での「創作ダンス」というプロジェクトに発展させた。

しかも、そこには、もう一人の気になる子であるBもポイントになっている。「おれらの心を一つにせなあかんやろ！」というBの発言が、その後の流れを決めるものだったと玉城さん自身振り返っているが、この"偶然"に出てきた発言も、玉城さんは逃さなかった。すかさずこの発言を取り上げ、「創作ダンス」プロジェクトは発展していったのである。

玉城さんがAのダンス好きの様子や、Bの発言を逃さずに取り上げることができたのはなぜか？思うにそれは、普段から玉城さんがAやB、そしてクラスの子どもたちを、ある意味全方位的に、子どもたちに寄り添って観察し、どのような状況の下でどのような反応を示しているのかといった視点で、子どもたちを理解し把握しようと努めてきていたからだろう。だからこそ、偶然に目にした出来事や耳にした発言の意義に気づき、それらを「生かせる」と直感的に判断し、すかさず次なる手立てを講じることができたのだろう（「Aのダンスを運動会に生かせるのでは？」や「あのBの発言はすごく大事や！チャンスや！」といった感じであろうか）。

(3) 教師による「まなざし」

こうした玉城さんの子どもに寄り添った「観察」とは、まさしく教師による「まなざし」である。吉本は次のように述べている。

> 子どもたちが学校にきて、自分の『居場所』を見つけ、『関係』（関わり合い）を実感できるのは……教師に『まなざし』をかけられ、声をかけられ、自分の存在＝身体が認められたときである。一般的なことばではなくて、自分の『固有名詞』に微笑のまなざしがかけられ、呼びかけられたときに、子どもたちは、まず、自分の存在と居場所を実感するのである。それは、校門であれ、廊下であれ、教室であれ、どこでもよい、そのときに、はじめて、子どもたちは、そこに、安心の居場所と関わりを実感することができるのである。[1]

この引用を踏まえれば、玉城さんの子どもに寄り添った「観察」は、まさしく、子どもたち一人ひとりを認める「まなざし」である。これが、「ハイタッ

チ」や「シールラリー」といったさまざまな「仕掛け」につながり、その結果、AやBをはじめとするクラスの子どもたち一人一人が「居場所」を実感できるようになったと言えよう。だからこそ、いわゆる「問題児」として扱われるようなAやBも含めて、子どもたちは自分の持っている力を存分に発揮することができ、そうした子どもたち同士の相互の関わりを通して、思いも寄らない行動や発言も飛び出してくる。すると、そうした"偶然"を、今度は玉城さんが逃さずキャッチし、それを基に次なる手を打ち、活動はさらに良い形で発展していく、といった好循環が見られるのだ。

⑷　授業づくりへの影響 —— 集団思考と集団づくり ——

　こうした好ましい循環が授業に対しても影響を及ぼすであろうことは、想像に難くない。今回報告された国語の授業の場合、玉城さんの「しなやかさ」は「柔軟さ」として機能している。教材分析をサークルの学習会で行って話し合う中で生まれた「脳内メーカー」のアイディアを、彼女は、とりわけAをイメージして、さっと取り入れている。ここで見られる柔軟さは、「謙虚さ」と言い換えても良いだろう。「学び」には「謙虚さ」が必要であるとするならば(自分の主張や考えが常に正しいと思っているような人は、はっきり言えば「学ばない」人だろう)、まさしく玉城さんは「学び続ける教師」である。

　また、実際の授業では「Bの頭の中を〜」として関わることで、気になるBも巻き込んだ授業展開を行っている。そして、ここでも偶然を生かす場面があった。「(主人公の豆太の気持ちは)一つじゃない。一つになんか決められへん。」というAの発言を、玉城さんは想定していなかった。しかし、その後の授業は、この(玉城さんには)想定外だったAの発言を起点にしてさらに豊かになり、授業を通しての集団思考と集団づくりにも繋がっている。この点について、豊田は次のように述べている。

　　……子どもをひきつけるには、と彼らをイメージする際に、このクラスの子どもたちは……と子ども一般ではまだ不十分だということです。今日の授業の最初では、A子をひきつけたい、と固有名詞で子どもが絞られている必要があります。学級という集団で授業をするのだからこそ、授業を通しても集団づくりをしていくためには、今日はぜひあの子に発

言してほしい、できればそれをきっかけに今日の授業の集団思考を仕組みたい、という教師の熱い願いが要るのだ、とわたし（豊田——註：引用者）は考えています。[2]

　玉城さんは、学習サークルのメンバーと徹底的に教材分析を行い、その際に気になるＡといった固有名詞の子どもを介在させることで、集団思考を仕組んだ授業の展開と集団づくりに努めたと言えよう。その成果は、図４のＡのノートに一目瞭然の形で現れている。普段書くことが苦手だとされていた子どもたちだったが、適切な仕掛けや場面（状況、文脈）があれば、書くことを通じて班を中心に話し合い、主題に迫る力を子どもたちはもっているのだ。子どもたちの力を決めつけることなく、子どもたちのもっている良さをできるだけ引き出そうと常日頃から玉城さん自身が観察し考えているからこそ、こうした成果が生み出されたと私はとらえている。

　以上見てきたように、玉城さんの「しなやかさ」は、子どもに寄り添った観察＝まなざしが、学習集団としての授業成立の起点となって機能しており、そこに、「仕掛け」と「偶然を生かす」行為が絡み合って、子どもたちの居場所が形成されてきたと解釈できる。吉本は、「学習の主体として参加するということは、子どもたちが教師に対して、まなざしを向け、まなざしで応答することなのである。子どもたちが学習主体として参加する第一歩は、教師と『まなざしの対面』をすることである。それが全員参加の学習集団づくりの出発点なのである。」（吉本2006、158頁）と述べている。玉城さんの今回の報告は、こうした「まなざしの対面」による全員参加の学習集団づくりを、自らの「しなやかさ」を発揮することで取り組んできた一つの成果として位置づけられるだろう。

　なお、今回の報告では、学習集団及びそれを起点とした授業成立の出発点を中心にした内容となっており、「発問」や「教材分析」といった点にまで詳しく踏み込まれてはいなかった。これらの点については、今後機会があれば、是非玉城さんにご報告いただきたいと私としては切に願う次第である。

註

1 ）吉本均『学級の教育力を生かす吉本均著作選集 3 ：学習集団の指導技術』明治図書、2006年、152-153頁。

2 ）豊田ひさき・門川之彦『子どもに寄り添う学級づくり・授業づくり』近代文芸社、2005年、26頁。

（森　久佳）

第3章

個と集団にドラマを引き起こす教育的タクト
—— 算数科授業から ——

　2年前の算数科第6学年「比例と反比例」の授業。授業でほとんど発表していなかったH男は、授業の冒頭で自分の考えを発表した。現在、H男は、中学2年生。そのH男は、先日、2年前の研究授業を振り返り、次のように語ってくれた。「（授業）前日の昼休みも、M子たちが、比例のこと教えてくれたんよね。比例のグラフ書けるようになったもんね。なんか、嬉しかったったい。だけん、M子たちにこんな俺でも発表できるって、アピールしたかったとたい。」「2年前の小学校の授業をよく覚えとるね？」「だって、あれ楽しかったもん。……」H男は、2年前の授業を再現できるほど詳細に語ってくれた。

　休みがちだったH男。「比例のグラフをもとに、一方の値から他方の値を求める」という学習問題に対して、自分の考えを発表しようと手を挙げた。一番後ろに座っているH男の姿に気付いた子どもたちは、「いいぞ！」「頑張って！」と励ます一方で、「ここは、H男さんでしょ。」と私に指名要求した。私から指名されたH男は、黒板に貼られた比例のグラフを使って、自分の考えを示した。H男は、周囲の称賛に右手を上に挙げて応え、席に着いた。

　H男が発表した場面は、授業冒頭であり「授業の山場」ではない。しかしながら、H男にとって、授業で周囲の期待に応え、自己を「アピール」できた瞬間は、「こんな俺」と卑下する自分をくずし、授業に挑む自分をつくった瞬間なのであり、また、それまでの私たちをくずし、私たちをつくった瞬間なのであり、まさに「山場」であった。

　教育的タクトとは、「状況に応じたすばやい判断と決定を意味するとともに、子どもの表情を読み取る力や子どもに対して心身を一体化させて語りかける力を意味することもある」[1]とされる。とりわけ、授業展開のタクトは、子どもの答えに対して刻々に応答し、それを組織していく力量とされる。

個と集団にドラマを引き起こす教育的タクト　87

　先の授業で、もし、私がH男の思いを察することなく、また、周囲の子ど
もたちが要求した意味を推察することなく、授業を展開したのであれば、そ
の2年後にH男が授業について私に語ることは、決してなかったであろう。
実際、刻々と移り行く授業においては、子どもたちの内的要求を推察し、そ
の後の授業展開と学習集団の深化・発展を構想し直すことが求められ、判
断・決定を繰り返す。「説明が必要か」「班をつくるか」「どの考えを取り上
げるか」「児童の発言に介入するか」「発問するか」「指導的評価をするか」
このような刻々とした判断・決定が個と集団にドラマを引き起こすと考えて
いる。子ども一人ひとりが、教科の学習内容・方法を身に付けるとともに、
集団で学び合う意味を探り分かち合う授業づくりについて教育的タクトを視
点に実践提案したい。

1　学習規律と教育的タクト

　教師が、授業の山場[2]で、子どもの認識を深めるために、対立点を明確に
したり、正答をゆさぶったりする教育的タクトは、重要な指導技術である。
加えて、対立・分化した考えを比較し、認識を深め合うために、「話す力」「聞
く力」を中心とした学習規律を子どもたち自身のものにすることもまた、重
要な指導技術である。教師の発問に対して、子どもがつなぎ言葉を使って自
らの考えを表現する。子どもが自分の考えと同じか、違うか考えながら聞く。
子どもが根拠を明らかにしながら自身の考えを説得的に表現する。子どもが
納得いくまで質問し続ける。子どもたちが、学習課題を主体的に追究し合う
とき、これらの身に付けた学習規律が「道具」となり、発動する。学習規律
が発動し役割を果たす学習集団における教育的タクトは、そうでない学習集
団における教育的タクトとは、大きく異なる。
　下の図は、4月、授業開きで子どもたちに示した学習規律のモデルである。
このモデルは、諫早授業研究サークルにおいて示された「話す力・聞く力10
の階段」を参考に、毎年少しずつ作り変えてきたものである。このモデルを
示したから、子どもたちが「自然に」身に付けるものではない。学習集団実
践で確かめられてきたように、筆者もまた授業の中で指導的評価活動を行い
ながら、その価値を子どもたちと共有できるよう指導してきた。

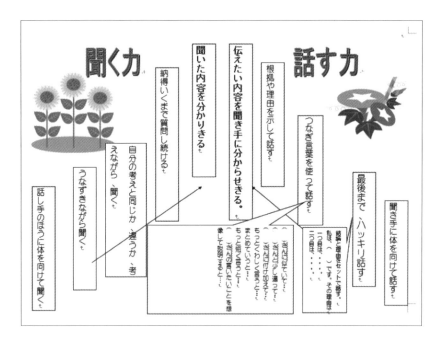

　特に重視したのは、「つなぎ言葉」である。ちなみに、学級のつなぎ言葉は、10個ある。

①同じで　②似ていて　③付け加えて　④まとめて　⑤代わりに言うと　⑥もっと詳しく言うと　⑦違って　⑧予想して言うと　⑨具体的に言えば　⑩例えば

　そして、これらのつなぎ言葉を子どもたちが「使わなければならない」ではなく、「使いたい」と思う授業を構想することが、授業者である筆者に求められた。それは、算数科や国語科に限ることなく、特別活動の話し合い活動、日々の朝の会・帰りの会においても常に求められていたと感じている。その中で、子どもの表現を「リピート」するのではなく、切り返したり、評価したりしながら、これらの学習規律を子どもたちの思考・表現の「道具」として身に付けさせてきた。

2　教材研究と教育的タクト
──「1あたり量×いくつ分＝全体の量」の意味理解 ──

　「教えなければならないこと」を「教えたいこと」に変える教材研究。では、小学校算数科の授業において「教えなければならないこと」とは、何か。一言でいえば、「算数的活動を通して数学的な考え方を育てること」であり、多角的なものの見方と論理的な思考力を育てることと考えている。そして、「数と計算」「量と測定」「図形」「数量関係」という4つの領域、そして学年毎に多くの単元によって構成されている算数科では、特に「1あたり量」の考えを共通言語として思考・表現する力を高めることが重要であると考える。

①1あたり量×いくつ分＝全体の量
②「倍」（基準量×倍＝比較量）
③面積・体積（外延量×外延量）

　4月、算数科授業開きでは、この三つのかけ算に根拠を求めながら学習できるようガイダンスとして特別授業を行った。「10個のキャラメルを5人で分けます。1人分は、何個でしょう。」「先生、2個に決まっています。」「10÷5＝2、だから2個です。」そこで「ジャイアンがいたら？」とゆさぶる。「えっ、10個と0・0・0・0も有りですか。先生、いじわるー。」との児童の反応に対して、「割り算ができるには、先生の問題の中で条件が抜けていましたね。何でしょう？」「同じ数ずつ」「この条件、つまり、『同じ数をひとかたまり』にみる見方が算数で特に重要なのです。これを『1あたりの量』とよびます。」皿を5枚、その上にリンゴを3つずつのせている絵を見せる。「皿にのっているリンゴの数の合計は、何個でしょう？」「5×3＝15、だからリンゴは15個です。」と児童が答える。すかさず、「1あたりの量はどれだけでしょう。」と問うと、「3個」と児童が答える。「この3は、1皿あたりの量だから、1あたりの量ということができます。そして、5がいくつ分となって、15が全体の量ということができます。」そこで初めて、「1あたりの量×いくつ分＝全体の量」という式を知るのである。6年生で根拠を吟味し合うには、立式の根拠が必要である。先のキャラメルの例でいえば、「10÷

5＝2、だから、2個」と答えるのか、それとも「1人分は、1あたりの量。いくつ分は、5人なので5、全体の量は、10。1あたりの量×いくつ分＝全体の量だから、□×5＝10、□＝10÷5＝2。だから、1人あたりの量は、2個です。」と答えるのでは、根拠の示し方が全く違う。どのレベルに根拠を求めるのか、それ以降続く算数の学習で、単元ごと、領域ごとに記憶する学習になってしまうのか、単元と単元をつなぎ、時には領域もつなぎ、意味を理解する学習になるのか、それを大きく左右すると考える。

3　児童の応答予想と教育的タクト

(1)　「つまずきを拾う」タクト……5年生　割合「割引額」の授業

　本時は、割引券を使った活用問題に取り組ませようとしていた。導入として、100％正答できる既習問題に取り組ませた。その問題は、次のとおりである。

> 定価15,000円のデジタルカメラを定価の10％引きで買います。代金は、何円になりますか。

　児童が自力解決する過程でD男の解答状況は、典型的なつまずきであることが分かった。10％引きを10円引きとして計算しているつまずきである。学習シートには、理解が不十分であることがうかがえる関係図も書かれていた。その時、活用問題に取り組むことから、割合の意味を確かめる授業へ変更を決めた。しか

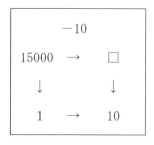

し、その時点で指導案が明確にあったわけではなかった。ただ、D男だったら、自分が納得するまで追求できると感じ、はじめにD男から発表させることを決めた。

授業の実際
C（D男）　えっと、まず、プリントでは、もとの値段は15000円だけど、えっと、10円。あっ、10％引きした代金の値段は分かっていませんよね。C 19（ところどころから）はい。

C（D男）　なので、まずここを15000円にして、これがもとになる値段なので、1にしました。そこで、10％引きした値段はまだ分かっていないので、□にしました。ぼくは、「引き」と書いてあるので、引き算かなと思って、－10にして、□＝15000－10＝14990なので、14990円だと思います。

> D男の発表に対して、通常ならば「違って」と発表する子どもたちが、D男のつまずきに気付き、どうすればD男が納得するかを考えようとしていると察した。

C　えっと、私はD男さんと違って、こうなると思います。（図を描きながら）理由は、まず、15000円は、もともとの値段ですよね。それで、10％を割引……10％引きするので（線分図の0.1を指さしながら）こっちは10％で、（線分図の0.9の幅を示しながら）買う値段はここですよね。値段が分からないので□になって、式は、15000円×0.9＝13500円になると思います。

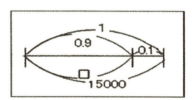

（中略）

D男　（黒板へ向かい、0.9を指さして）えっと、なぜ、ここが0.9になるんですか？
C　10％は、0.1ですよね。10％引きだから1－0.1をして、0.9となります。
C　付け加えて、1が100％ですよね。1の10分の1は、0.1ですよね。100％の10分の1は、10％ですよね。だから、0.1＝10％。その残りだから、0.9じゃないかと思います。（線分図を示しながら）
D男　えっと、1－0.1＝0.9は、わかったけど、なぜ、15000円に0.9をかけるのですか。

> 0.9をかける理由を質問された子どもたちは、どうこたえてよいかわからない状態となった。

「なぜ、ここが0.9になるのか」という質問と「なぜ、0.9をかけるのか」という質問は、明らかに違う。「なぜ、0.9をかけるのか。」に対する説明は、割合とは何かを問われていることになる。これまでの学習で割合とは、「一方（基準量）を1とした時のもう一方（比較量）の値」として理解させてきた。

ここでいえば、「15000円を1とすると代金は、0.9。つまり、0.9倍した値となるため、15000円に0.9をかける。」という説明が求められた。実際に質問を受けた他の児童は、どう説明すればよいのか戸惑った。そこで、教室に掲示していた「音楽クラブの定員は20人です。希望者は、定員の0.9倍あったそうです。希望者は、何人ですか。」という問題を子どもたちに示した。何らかの手がかりが必要と思えたからである。

　子どもたちは、線分図や関係図を駆使しながら、D男さんが倍と書いていないから困ったのではないかと共感しつつ「比較量は、基準量と比較したとき0.9倍になる。だから0.9をかける」と説明した。

　授業後の学習感想には、「D男さんは、間違った理由だけでなく、分からないところを最後まできいていて、すごいと思った。私もなぜ0.9をかけるのか説明できませんでした。ごまかさないことを私も大切にしたい。」と綴っていた。

(2) 「正答をゆさぶる」タクト……第6学年「比例と反比例」の授業

　本時の目標は、「比例のグラフを使って、一方の値から、もう一方の値を求めることができる」である。比例のきまりやグラフの特徴を基にグラフ上にないxの値からyの値を求める問題に取り組ませるため「長さ（　　）

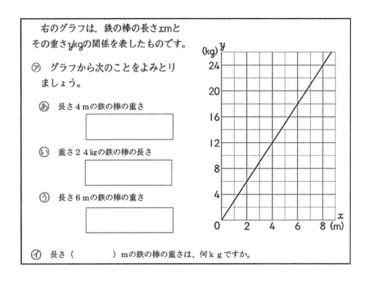

mの鉄の棒の重さは、何kgですか。」を設定した。
　本時の学習課題であるグラフ上にない一方の値からもう一方の値を求める場面について児童の応答予想は、次の３つであった。

> Ｃ１：比例のグラフの性質を活用し、グラフ上の直線をのばす。
> Ｃ２：比例の定義（一方の値が２倍・３倍……になると、他方の値も２倍・３倍……になる）を活用する。
> Ｃ３：比例の性質を活用し、グラフ上の点から「きまった数」を求め、式に表して考える。

　この予想に対してのタクトは、以下の２点を予定していた。

> ①グラフ上の直線を伸ばす考えについて、フリーハンドで伸ばす児童がいるはずである。その児童の解答状況を取り上げ、(10, 30) の点を本当に通るのか、問い返す。
> ②３つの考え方を比較させるための新たな問題を提示する。

授業の実際
Ｃ：○○さんは、グラフを伸ばして考えました。このグラフから、長さが10mの鉄の棒の重さは、30kgになります。だから、答えは、30kgです。
Ｔ：なぜ、伸ばすことができるのですか？
Ｃ：比例のグラフだからです。Ｃ：付け加えて、比例のグラフは、(0, 0)を通る右上がりの直線だからです。
Ｔ：なるほど、でも、本当にx＝10の時、y＝30という点を通るのかな？だって、フリーハンドでグラフを付け足しているんだよ。本当に (10, 30) の点を通るか分からないよ。(ペアで考えさせる。しかし、どのように考えればいいか分からない子どもが多い)
Ｔ：○○さんは、「24＋6」と書いていたよね。この考え方すごいと思う。この○○

94 学習集団づくりによる教育実践の記録と指針

さんの式は、どんな意味でしょう。C：24は、x＝8のときのyの値じゃ
ない？C：あー！

C：24は、x＝8のときのyの値ですよね。求める問題は、x＝10のときの
　yの値ですよね。だから、xが8から2増えれば10になりますよね。x
　＝2のときyの値は、このグラフから6で、つまり、24は、xが8のと
　きのyの値で、6は、x＝2のときのyの値。だから、24＋6は、x＝
　10のときのyの値。（C：なるほど）

T：だから、(10, 30) を確実に通る。この方法を一言でいえば、どんな方法？
　C：付け足す方法。（T：付け足す方法）T：比例のグラフの性質を活用
　したね。もうないかな？

C：グラフを読むと、長さが2mの鉄の棒の重さは、6kgになることが分か
　ります。10mは、2mの5倍だから、鉄の棒の重さは、6kgの5倍にな
　る。6×5＝30だから、30kgになります。

C：長さが5倍だったら、重さも5倍と考えていいの？

C：比例だから、一方の値が2倍、3倍……になると、他方の値も2倍、3
　倍になる。だから、長さが5倍だったら、重さも5倍と考えられる。T：
　なるほど、何を使って求めた？C：比例の定義。T：比例の定義を使っ
　て求めた。もうないかな。

C：「きまった数」は、3だから、式に表すとy＝3×xです。x＝10の時、
　y＝3×10＝30、だから、10mの重さは、30kgです。

T：「グラフを伸ばす」「比例の性質」「比例の定義」と三つの考えが出され
　たね。それぞれグラフを使って、その根拠を示しながら考えを伝えるこ
　ともできていて、素晴らしいと思います。さて、問題。長さが25mだっ
　たら、どの考えを使いますか？

　（後略）

「本当に (10, 30) の点を通るか分からないよ。」という問い返しは、指導
案通りであった。その問い返しに対して、x＝10までの範囲が入る別のグラ
フに書き直し確かめる児童。計算で求める児童（24＋6、12＋18など）を想
定していた。しかし、児童の思考が停滞した。ただ一人N子は、24＋6の式
から求めていた。このN子の考えを取り上げ、周囲が理解できるようにする
方向に切り替えた。次々に「あー。」という子どもたち。授業後の感想で、

N子は、「まさか、私の考えが紹介されると思わなかった。たし算だからだめなのかなと思って。けど、M男さんが、私の考えをしっかり発表してくれて、みんなが、なるほどといってくれた時、とてもうれしかった。」と綴った。

　先の割合（割引額）の授業で発言したD男は、5年後の今、当時を振り返って「授業では、みんなの考えを聞くことが楽しかった。なぜ、そんな考えにたどり着いたのかを知りたかった。」と語った。どのようにたどり着いたのか、つまり、思考過程を明らかにする「つまずきを拾う」「正答をゆさぶる」教育的タクトは、彼にとって授業の楽しさを感じさせる教師の技術としての機能を果たしていたともいえるのではないか、と思う。

　学習集団は、授業を核にして深化・発展する。その課題解決に向けて、実践を通して、仲間とともに追究していきたい。

註
1）白石陽一「教育的タクト」日本教育方法学会編『現代教育方法事典』図書文化、2004年、326頁。
2）「『授業の山場』とは『展開』の段階における『学習の絶頂・学習の最も重大な場面』のことである。」（杉山明夫「授業の山場」日本教育方法学会編『現代教育方法事典』図書文化、2004年、311頁。）

（福田　恒臣）

4　主体 —— 主体の弁証法（ドラマ）から「教育的タクト」を問い直す ——

⑴　福田実践の提起するもの－授業の「山場」と教育的タクトの再解釈

　福田さんとの最初の出会いは、諫早授業研究サークルが毎年夏に雲仙で開催する夏合宿である。福田さんは私立大学の物理学科に籍を置いた後に、熊本大学の教員養成課程および同大学大学院で白石陽一氏を介して「学習集団」と出会う。その経歴からして変わり種ではあるが、雲仙合宿ではその参加の自身にとっての意味を「正月」だと表現し、「諫早は、『泣きの授業』でないとだめなんですか」と諫早サークルから出される文学の授業提案に鬼気とし

て切り込むのである[1]。福田さんとの本当の「出会い」は、2010年度の第47回雲仙夏合宿に持ち込まれた算数「平均とその利用」の授業ビデオを巡ってであった[2]。この実践提案をきっかけとして「比例・割合・平均」という小学校高学年算数の研究授業を数年間かけて積み上げ、その成果をまとめたものが本実践記録である。ここでは福田さんの実践記録が提起するものを、次の二つの視点から意味づけてみたい。一つは授業の「山場」を教科内容研究の視点から再提起している点であり、いま一つは授業の「山場」を主体－主体の弁証法という視点から再提起している点である。

(2) 教科内容研究からみた授業の「山場」と教育的タクト

　福田さんの問題意識は、「教師の教材研究・教材解釈から想定される教材の『山場』へ、学習規律を『道具』として教育技術としての『発問』と『指導的評価』によって子どもたちを引き込む」授業づくりへの漠然とした違和感であったといえよう。だからこそ、あえて学習集団の授業づくりが得意とする西郷竹彦氏の文芸論を背景にした国語の授業提案ではなく、「正答」や科学的「真理」が一つだと捉えられがちな算数を授業提案に選択している。文学の読みは一つの読みに収斂されるものではない一方で、授業の「山場」に向けた教師のなかば強引な授業展開のタクトが横行してきたのではないか[3]。問いに対する「正答」は固定していると捉えられがちな算数・数学や理科の授業にこそむしろ、子どもたちの主体的な屈折による授業のドラマが生起するのではないか。

　福田さんの算数授業に対する教科内容研究のスタンスは明確である。それは、遠山啓氏の数学論・数学教育論を背景としながら、「算数的活動を通して数学的な考え方を育てること」であり、「多角的なものの見方」と「論理的な思考力」を育てることとされている。「小学校算数」に限定しながらも、「数学的な考え方」を本質に捉え、「多角的なものの見方」と「論理的な思考力」を育成するための授業構想が福田実践の中核である。「10個のキャラメルを５人で分ける」分け方は、「立式の根拠」を吟味することで「多角的なものの見方」が生起する仕掛けとなっている。「ジャイアンがいたら」という思考も「多角的なものの見方」の一つではあるが、福田さんの教科内容研究の主眼はここではない。むしろ、実践記録に記されている少なくとも二つ

の立式の根拠が「多角的なものの見方」であり、その二つの立式の根拠を自分自身がどのように捉えるのかが「論理的な思考」である。キャラメルの立式でいえば、一つ目の式はいわゆる「順思考」から成り立つ立式である。二つ目の式は「逆思考」から成り立つ立式である。実はこの逆思考は、小学校１年生から「５＋□＝８。□に入る数は？」といった課題で取り上げられてきている。学年・単元・領域をつなぎながら「順思考」と「逆思考」という二つの「論理的な思考」と子どもたち自身による「多角的なものの見方」を授業の中で意味づけることで、「意味を理解する学習」へと昇華させていく算数・数学教育観が福田実践には明確に位置づいている。

　「教育的タクト」は、実践において「すばやい判断と決定」をすることだと一面的に捉えられがちであるが、ヘルバルトが提起したことの本質は「理論と実践との間の中項」にある[4]。やみくもにスピーディーな判断と決定が求められているのではなく、教育者による実践がその教育学理論に支配されることが提起されているのである[5]。

　福田さんの「教育的タクト」は、「意味を理解する学習」へといたる算数・数学教育観から提起されている。Ｄ男の典型的なつまずきを取り上げた割合の授業でも、「割合の意味を確かめる授業」へとタクトが振られ、「なぜ、0.9をかけるのか」という割合の意味を問う発言はＤ男から提起される。Ｎ子の「24＋6の式」からアプローチする考え方が取り上げられる「比例と反比例」の授業では、「グラフを伸ばす」「比例の性質」「比例の定義」という「論理的思考」を授業展開の中でなぞりながら、Ｎ子の「たし算だからだめなのかなと思って。けど、Ｍ男さんが、私の考えをしっかり発表してくれて、みんながなるほどといってくれ」たという「多様なものの見方」が子どもの発言として積み重なっている。したがって福田実践からは、教材研究と発問研究から授業の山場（＝教材のクライマックス）を生起させる定石を踏まえつつも、学習集団における授業の山場は子どもたちの思考が「数学的な見方」へと至る分岐点で発揮される「教育的タクト」の発動ポイントにあることが提起される。

⑶　主体－主体の弁証法からみた授業の「山場」と教育的タクト

　実践記録の冒頭、2015年度の「比例と反比例」の授業でのＨ男の姿を媒介

に、福田氏は「山場」を次のように提起していた。「『こんな俺』と卑下する自分をくずし、授業に挑む自分をつくった瞬間なのであり、また、それまでの私たちをくずし、私たちをつくった瞬間なのであり、まさに『山場』であった」、と。ここで注目したいのは、いわゆる「授業の山場」ではなく「授業冒頭」を「山場」と捉えているという点ではない。そうではなくて、「自分たち」ではなく「私たち」と表現している点である。子ども集団の自分くずしと自分つくりであれば、「自分たち」と表現されてしかるべきである。この「私たち」という表現には、教師である福田さんも「学習集団」に位置づけているというスタンスが現れている。ここから解釈される福田さんの教育観・授業観は、教材・発問研究を背景に指導的評価活動を介して子どもたちの内的学習規律を育て、「授業の山場」を生起させるドラマのある授業ではなく、教師を含めた学級全体の「学習集団」にとっての「山場」のある授業であり、主体と主体とが絡み合い高め合うドラマのある授業である。この意味で福田実践から提起される教育的タクトは、「教科の学習内容・方法を身に付ける」教科内容研究＝教科観（算数・数学教育観）と、「集団で学び合う意味を探り分かち合う授業づくり」＝授業観・教育観が支配する実践を生起させる「教育的タクト」である。

　福田さんの授業観・教育観からみて、休みがちな一人の子どもが授業冒頭に挙手をして発言をすることが嬉しいのではない。ここでは挙手の少ない子どもが挙手した場合にすかさず指名する授業展開のタクトが強調されているのでもなく、挙手したことを刻々に肯定的に評価するタクトが強調されているのでもない。福田さんの主体が発動したのは、一番後ろに座っているＨ男の姿に気づき、教師に「指名要求」する主体としての学習集団が発動した局面であり、休み時間に教えてくれたＭ子をはじめとした周囲の支援・賞賛とそれへのＨ男の応答という子どもたち自身の相互の「評価」主体が発動する局面である。いわば、指名と発言と評価をする「教育的タクト」を子どもたちの主体性に委ねる局面である。

　Ｄ男が取り上げられる2011年度の実践では福田さんは、「Ｄ男だったら、自分が納得するまで追究できる」という尊敬と要求のもとで教育的タクトを振る。実践記録には表れていないが、Ｄ男がどこまで追究できるか、Ｄ男の「発問」に学級集団がどこまでくらいつけるか、指導案の展開を捨てた筋書

きのないドラマにむけて福田さんの教師としての主体が発動した場面である。たまたま当日欠席であった「できる子」の不在を受けて、子どもたちは懸命にD男の問いにくいさがる。これも実践記録には表れていないが、福田さんは教室での立ち位置を変えながらタクトを振った。D男が発言する授業冒頭は、D男の隣に座り込み、D男の「発問」がD男と福田さんの手を離れて学級全体の議論となった時には教室前方へ、子どもたちが板書を埋め始めてから議論が終盤へと向かうにつれて教室側方から後方へと福田さんはその立ち位置を変えていった。割合の意味を「ごまかしてきた」私たちをくずし、私たちの学習を私たちでつくる授業へと向かう福田学級の教育的タクトの真骨頂である。

　グラフが本当に（10，30）を通るのかという「正答をゆさぶる」授業後のN子の感想には、「M男さんが、私の考えをしっかり発表してくれ」たという教科内容・立式の根拠の「つなぎ言葉」が集約され、「みんながなるほどといってくれた」という子どもたち自身による「評価」＝意味づけが明確に表現されている。発言記録では「この○○さんの式は、どんな意味でしょう」という教師による発問とその後の子どもたちの応答が強調されているが、むしろ注目すべきは「集団で学ぶ意味」を明確に意識して記したこのN子の感想であろう。

⑷　授業の山場と教育的タクト―「学習集団の授業づくり」に示唆するもの

　「学習集団の授業づくり」にとって福田実践が示唆するものは、福田さん自身が明確に指摘している表現でいえば、意味を理解する学習へと至る教材研究を軸に「つまずきを拾う」「正答をゆさぶる」教育的タクトを発揮することで、個と集団のドラマを引き起こすことにあるといえる。しかしながら筆者は、福田実践が示唆するものはより深層にあると捉えている。すなわち、教師の「教育的タクト」は教科内容研究に支えられた教科観と子どもの人権意識に根ざした教育観・授業観からしか発現させることはできない。その発現ポイントは、子どもたち自身が算数・数学を学ぶ意味と「私たち」が集団で学び合う意味とを重ね合わせる局面（子どもたちが「教育的タクト」を振りはじめる局面）にある。したがって福田実践の示唆する「ドラマ」とは「主体－主体の弁証法」に他ならず、その実践は「同一性への回収の超越」を前

提とした道徳的実践でしかありえない。福田実践が提起するものと福田さん自身の悩みは深く、先は長いのである。最後にこの点に言及して解説を閉じたいと思う。

　小学校卒業後の身の上を案じている福田さんにとっては、卒業から2年を経た時点でH男が「だって、あれ楽しかったもん。……」と語ってくれることは何よりの喜びであっただろう。教師の責任は、子どもたちを進級・進学させれば終わるものではない。むしろ福田さんの悩みは、H男からの嬉しい言葉の最末尾に記されている、表現しようとしても表現しきれない「……」にある。この言葉にならないH男の世界に教師としてどう寄り添うことができるのか／べきであるのか、この問いと悩みには学習集団の授業づくりは即座に判断と決定は下せないように思う。ただしその方途は福田さんの選んだ生き方から描き出されていると捉えたい。福田さんの選んだ生き方は、実践記録の最文末にある「仲間とともに追究していきたい」に集約されている。ここでいう「仲間」は、学校の同僚の教職員であるだろうし、2010年度に立ち上がった熊本授業研究サークルのメンバーであるだろうし、教室で出会った「子ども」たちでもあるだろう。福田さんの提起する悩みを「仲間」として「追究」していく扉は、本実践記録を読みその悩みに接触（＝タクト）した我々自身にも開かれている。

註

1）念のため記しておけば、福田さん自身の諫早への敬愛と憧憬は、諫早から学んだ「学習規律のモデル」の実践構想や、集団の質的発展を表現した学級通信名「イルカ」、教材研究・発問研究によるドラマのある授業づくりの定石、学級を一つの「班」とする学級観・集団観などに明確にあらわれている。

2）この実践については、八木・吉田（2011）でも取り上げられている（八木秀文・吉田成章「学習集団研究と教員養成実践との接続の試み－福田恒臣実践・小6算数『平均とその利用』の分析を通して－」広島大学教育学研究科教育方法学研究室編『教育方法学研究室紀要』第2巻、2011年、1-26頁参照）。

3）これについては例えば、久田（2016）では「同一性への回収の超越」という言葉でその課題が端的に指摘されている（久田敏彦「アクティブ・ラーニングと学習集団研究」深澤広明・吉田成章責任編集『学習集団研究の現在Vol.1　いま求められる授業づくりの転換』溪水社、2016年、49頁以下参照）。

4）ヘルバルト著、高久清吉訳『世界の美的表現』明治図書、1974年、98頁及び訳者による注の133頁参照。

5）ここで「支配」とは、理論から直接的・直線的に実践を導くという意味ではない。「多
様な実践を統一的に導く指針となるのが理論である。ただし、理論が実践の指針にな
るといっても、このことは、理論の側から演繹的、一方的に実践の一つ一つを規定す
るということを意味していない」（同上書、133頁参照）。むしろ、実践のどこがうまくいっ
たのか、あるいはどこがうまくいかなかったのかを教育者自身が省察することのでき
る思考軸のようなものと捉えてよい。したがって、直接的に行為を導き出すものでは
ない「教育学という学問（pädagogische Wissenschaft）」と教育的な活動に取り組む
ための「教育の技術（Kunst der Erziehung）」とを関係づける「経験（Erfahrung）」
に裏打ちされた道徳性（Ethos）と省察能力（Reflexionsvermögen）が問われるのであ
る（vgl., Coriand, R.: *Allgemeine Didaktik. Ein erziehungstheoretischer Umriss.*
Stuttgart: Kohlhammer, 2015, S. 153f.）。

　　　　　　　　　　　　　　　　　　　　　　　　　　　（吉田　成章）

第4章

学習集団づくりをモデルとする教職員集団の形成
—— まなざしの共有から真理・真実の共有へ ——

1　吉本均「学習集団づくり」による「主体形成」論の思想と構造

　初めて吉本均の学習集団づくりを取り入れた授業を見たのは、今から12年前のことである。子どもたちの生き生きとした表情に感動し、こんな授業をしてみたいと学習集団づくりを進めているサークルに入り学んできた。授業や学級経営は今までとは全く違うものとなり、子どもたちの成長を実感できるようになった。しかし、いつのころからか限界を感じるようになった。応答のある全員参加の授業になっても、私から見ると子どもは他律のままであった。育てきれないのはなぜなのか、その問いから吉本均の学習集団づくりと出会い直そうと、大学院に入り、今まで読むことがなかった吉本の本を何冊も読んだ。一人の人間として真正面から向き合う「主体−主体の関係」、子どもの苦しみや悲しみに寄り添いながらもよさを見つけ、指さし続ける「可能性への愛と要求」など、技術だけではない、吉本の教育観によって確立された理論をたどることは、自分自身への問いかけになり、自分の至らなさと実践的な課題を認識することができた。

　吉本の学習集団づくりは、まなざしで向かい合い主体−主体の関係をつくり出し、やがては真理・真実を求めていく主体の質的発展をたどり、すべての子どもを主体として育て上げるものである。認識の組織化と集団の組織化を進めることを通して、個人と集団の主体を高めていくことを、方策と共に描いたものが図1の「吉本均『主体形成』論の構造」である。

2　「学習集団づくり」による教職員の主体形成モデルの創出

　図1の吉本均の主体形成論を基盤としながら、吉本と校長や教頭が討議し

学習集団づくりをモデルとする教職員集団の形成　103

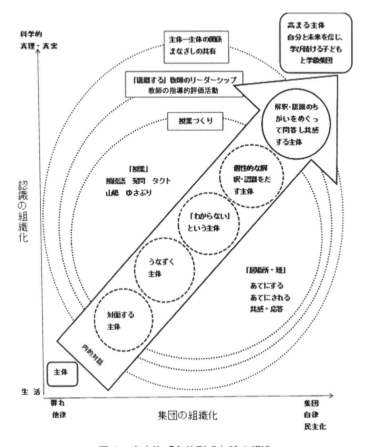

図1　吉本均「主体形成」論の構造

たものを再録した『学習集団づくりと学校経営』(東方出版，1973年)、並びに佐古秀一の『学校組織開発論』(ミネルヴァ書房，2006年)を手がかりに教職員の学習集団づくりの構造を考えた。

『学習集団づくりと学校経営』での総括討議をまとめると、教師集団づくりの論点となったものは、「下からの価値づくり」とその方策であると言える。庄原市高小学校校長であった有賀豊秋は教師集団づくりについて「あの当時、教師集団づくりで教師を組織するということで、やはり基本だったのは、子どもをね、毎日の授業の中で、どうしたら生かし切れるか、そのため

に、わたしたち教師は何をしたらいいか、ということだったですね。ここの共通理解に立とうというのが、何といっても出発だったですね。」[1] と言っている。また、有賀はどんなことも職員協議会などの「みんなの場」に出して話し合っている[2]。そのなかでも「いちばん柱になったことは、やはり"授業研究"ということだったと思います。この積み上げが、教師の輪につながっていった」[3] としている。

　教職員が報告や連絡や答えをもらう既存の場を、皆で協議し考え創り出していく場に変換していくことが教職員集団づくりには必要であると考え、図1の「授業づくりの場」を「みんなの場づくり」に置き換えたものが図2である。

　広島県教育委員会同和教育指導室主幹であった高場昭次は高等学校の校長の実践例を出して、校長自らが教職員と一緒に仕事をしていくうちに、教職員から仕事や仕事外の相談が出てくるようになり、この校長はこの関係性のなかで教育を相互に批判し合うことができる展望をもっていると語っている[4]。また、高場は有賀校長について「日々先生が困っている学級経営の仕事の中で人間関係を作っていったこと、それが下からの価値づくりだったのではないだろうか。」[5] とも語っている。

　上からの指示や命令でなく、日々対話を重ね共に動くことを通しての関係づくりと捉えることができた。図1の「主体－主体の関係　まなざしの共有」を、図2では「日常的な場での主体－主体の関係づくり　日々の対話・共に動く」という言葉に置き換えた。

　佐古秀一は学校組織という特殊な組織のマネジメントに特化して研究を行っている。彼の「学校組織開発論」は、現代における教職員集団を高めていくための方策が色濃く出ている。それは、プロセスとシステム（「コア・システム」「教室カルテ」「ファシリテート・チーム」）により、組織としての内発的改善力（自律性）を高めていくものである[6]。吉本の学習集団づくりにこれらのプロセスやシステムを加えることにより、教職員は個人としても組織としてもより自己指導力を高めることができると考えた。

　そこで、「教職員の『主体形成』の構造」の「集団の組織化」と「認識の組織化」を支えるものとして、RPDCAサイクルを回していくことと一人のリーダーでなくチームがリーダーシップをとっていくことの二つの考えを取

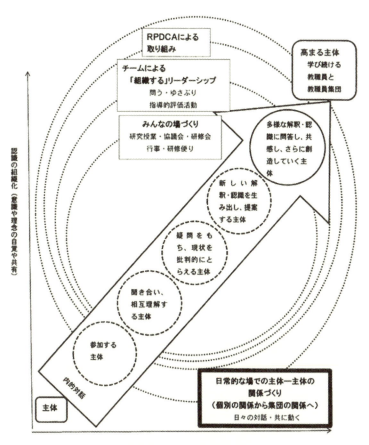

図2 教職員の「主体形成」の構造

り入れた。

　RPDCAサイクルでは、最初の実態把握（Research）から協働で行い、皆で課題を生成（Plan）し、実践（Do）し、評価（Check）し、改善（Action）していく。これにより、教職員は「やらされている」「こなしている」教育活動ではなく、子どもの問題にもとづいた主体的な教育実践に向かうことができる。このサイクルを学校教育活動に計画的に導入することで学校としての目標管理が可能となる。同時にこのサイクルを協働で行うことが教職員の

主体性を高めるための学習集団づくりのプロセスとなり人材育成につながるのである。

次に、吉本の「『組織する』教師のリーダーシップ」を「チームによる『組織する』リーダーシップ」と置き換えた。一人のリーダーで組織していくのではなく、チームとして教職員と教職員集団を主体に育てていくのである。研究推進部を「チームによる『組織する』リーダーシップ」として学校システムの中に位置づけることで、制度的な機能が発揮される。つまり、誰がどのように行うのかがはっきりと位置付けられ、その部の中のリーダー以外の教職員も担い手となり、リーダーが学校を去った後も自己運動を呼び起こしやすいと考えたのである。

3　教職員の主体性を高める「教職員集団づくり」の展開

職場で私は4・5・6年の算数と5・6年の家庭科の授業を指導方法工夫改善という立場で行っていた。また校務としては校内研究を進める研究推進部の一員であった。この立場で、教職員の意識や理念の自覚や共有という「認識の組織化」を高め、集団としての態度や行動という「集団の組織化」を高めていくことで集団と個人の主体性を高めようと、図2「教職員の『主体形成』の構造」を手掛かりに取り組みを行った。

この取り組みの軸としたものは2つである。一つ目が全教職員で目指す子どもの姿を問い続けること、二つ目がそれに向かっての3つの評価（よさへの評価・伸びへの評価・かかわり合いへの評価）を行っていくことである。

RPDCAのサイクルは1年間に二回展開した。しかし、協議会や行事など、その都度で小さなRPDCAサイクルが回っていたと感じる。例えて言うと、小さな歯車が回りながら大きな歯車が回っていたのである。このサイクルの中で以下の取り組みを行った。

⑴　日常的な場での主体－主体の関係づくり（個別の関係から集団の関係へ）
　①　教育の場での主体－主体の関係
私は算数の授業をB学級の担任であるF教諭と共に行っていた。F教諭は学級の落ち着きのなさに苦慮しながら児童Dの粗暴なふるまいの対応に追わ

れていた。日々、私は学級のことや児童のことについてＦ教諭と話していた。夏休み前の数週間はＦ教諭と共に私も、逃げようとする児童Ｄに声をかけて残らせ、担任と二人で児童Ｄに課題をさせる日が続き、時間の許す限りＦ教諭の学級に入った。夏休みを前にして、Ｆ教諭の丁寧な指導により学級の雰囲気自体は前向きになりつつあった。しかし、依然として児童Ｄは落ち着きがないままであった。夏休み前日に４月からの自分の成長と集団の成長を作文に書く時間があったが、児童Ｄは書くことをせず、やっと書いたのが

> ぼくはせいちょうしたことはありません。　　　　　　　　　〔７月〕

であった。その日は私もＦ教諭と共にその学級で過ごしていた。児童を帰らせてＦ教諭と話す中で自己肯定感がない児童Ｄに自分の良さを感じることができるようにしていきたいし、私たちの言葉が彼の心に届くようにもしていかないといけないね、と話し合った。

　しかし９月になっても児童Ｄは落ち着かない。そこで朝の時間にＦ教諭と私の二人で児童Ｄを呼んで語りかけることを行った。自分たちの気持ちを率直に彼に伝えるのである。あなたをみんな心配している。幸せになってほしいと思っている。そのためには今、頑張っていかないといけないことがある。大きくなろう、心も体も、という願いをＦ教諭と二人で毎日語り続けた。児童Ｄは、顔はそむけながらもうなずいて「うん。」と答える。

　前期の終わりの節目に、「自分の頑張りと成長」を書く時間があった。このとき児童Ｄはやはり騒いでいたが、Ｆ教諭の言葉が彼を動かす。児童ＤはＦ教諭に「ぼくにもう一度チャンスをください。」と言い、席について作文を書き始めた。

> 　ぼくのがんばりと成長は、じゅぎょう中に人のじゃまをしたり先生にやつあたりをあまりしなくなったことです。４月のころは人のじゃまになることをしたり先生にやつあたりをしていたけど、さいきんはあまりしていないから せいちょうしたとおもいます。あとべんきょう　　　　　　　〔10月〕

　時間がきてしまい作文は途中で終わっているが、Ｆ教諭が児童Ｄの可能性を信じ続け、かかわり続けたことが児童Ｄを変えた瞬間であった。この頃から学級も児童Ｄも急速に変わり始めた。

この期間、F教諭と私は毎日のように対話を繰り返している。今日の学級の様子、児童Dの様子、自分たちがやってみたことがどうであったか、明日の取り組み、うれしかったこと、辛かったこと、様々なことを放課後に語り合った。このとき、お互いに意識統一など考えて話をしたりはしていなかったのだが、共に動けば動くほど、対話を重ねれば重ねるほど、F教諭と私の子どもへの願いや思いが自然に合わさったり、新しい視点をもらえたように感じるようになってきた。

児童Dが12月に書いた「自分の成長」は次の通りである。

> ぼくは、10月から12月まで成長したことがあります。一つめは漢字がいっぱいかけるようになった。二つめは ぼうげんなぐりあいがなくなったことです。三つめは算数がうまくなった。四つめは先生とかに はんこうしなくなった。五つめは女子とあそべるようになった。六つめは ぶあつい本をよむのが好きになった。七つめは字がきれいになった。八つめは注意されるがわじゃなく注意するがわになった。　　　　　　　　　　　　　　　　　　　　　〔12月〕

児童Dを、学級をどうするのか、何をしたらいいのか、この問いに向かっていく中でF教諭と私はお互いに向き合えたし理解し合えるようになったと思う。

教育現場での主体－主体の関係は、上からの指示や指導でつくられるものではない。実践の中で共に動き語ること、喜びも悲しみも共にしながら答えを探していく過程で構築されていくものだと実感と共に考えることができるようになった。

②　個別の関係から集団の関係へ

私は他のクラスにも入り授業をする立場にあったので、多くの先生方と話す機会があった。話の中で先生方は児童Dのことを心配して下さっていた。児童Dはどうしているか私に尋ねる先生方は多く、そのことについて個別に話すことがよくあった。コーヒーを入れながらの立ち話、仕事が一段落したとき、廊下ですれ違うとき、公の場でなく日常のふとしたときである。私が心掛けたことは近くにいる先生もその話に入りやすい雰囲気をつくったことくらいである。すると少しずつ放課後の時間に数人で話すようになってきた。児童Dの担任のF教諭を交えて話したり、そうでなかったりしながら、ある時は数分、ある時は何時間も、公式の場でないところでのざっくばらん

学習集団づくりをモデルとする教職員集団の形成　109

な話し合いができてきた。個の話し合いが少しずつ集団の話し合いへと広がっていったのである。最終的には、学校体制として公の場での話し合いをしようという声が出て、時間をとっての話し合いに発展した。児童Dと同じ階の担任の先生方は、児童Dの教室をのぞいてくださったり、何かあれば駆けつけてくださったりした。職員集会の場で児童Dについての話し合いも多くされるようになってきた。

　このような関係性ができてくると、授業研究のあり方や授業の見方、行事のあり方などについても学年を超えて気軽に話すことが多くなってきた。全校での行事が終わった後は、皆で行事での子どもの成長についての話題でもちきりになり、喜び合うことが職員室で自然に行われるようになった。

⑵　チームによる「組織する」リーダーシップと「みんなの場づくり」

　授業研究、研究協議会、研修会、行事などはどこの学校でも行っている。しかし、それらがどう機能しているのかは学校によって大きく異なる。これら既存のものを教職員がみんなで考え、知恵を出し合い、議論する場に転換していこうと試みた。人の授業を見るだけでもない、授業を見て感想を述べて後は講師からの講話により答えをもらうだけでもない、行事で子どもの表面上の出来上がりだけを求めるのでもない、どんな子どもになってほしいのか、願いや思いを皆で描けるものにしたかった。目指したものは何なのか、子どもにどんな姿になってほしいのか、そのためにはどうすべきなのか、と議論を重ねることのできる場をつくろうとした。「こなすもの」でも「意識統一の場」にするのでもなく、「みんなで目指すものを創り出していく場」にしていくのである。

　そのような場づくりは一人で行えるものではない。まずは研究推進部の中で何度も議論を重ねた。その議論から研究推進部がリーダーシップをとって重点的に取り組んだことが次の5つである。

①　協議会や研修会の時間確保

　答えをもらう会ではなく、自分たちで答えを探して創り出していく会にするためには時間が必要である。そこで、授業研究の始まりの時間を早めて協議会の時間を多くとる、子どもを帰らせた後の30分〜1時間程度の時間を活用してミニ研修会を設定する、などしてとにかく話し合う時間の確保に努め

た。

② 問いのある研修会

時間確保の次は「創り出す場」としていくための取り組みである。

研究推進部では、協議会や研修会の前には部としてどのように会を進めていくかについて話し合いを重ねた。この年の研究主題は「かかわり合い、伝え合いながら、思考を深める子どもの育成」であり、副題が「『論理的思考モデル』を用いた言語活動を通して」であった。「論理的思考」とはどういうものなのか、教職員は疑問を抱き今年度の研究に対して不安を抱いている状態であった。研究推進部としても今年度はこの「論理的思考」を明らかにする中で、主題へたどり着かねばならないと考えていた。明らかにするためにはどうしたらよいのか。講師招へいや先進校からの情報などで知識を得ることも行うが、研究推進部が一番大事にしていこうと考えたことが「答えは自分たちの中にある」であった。講師から答えをもらうのは簡単であるが、そうではなく自分たちで答えを探していく姿勢を大事にしていった。そのため、協議会でも研修会でも研究推進部は一貫して皆に「問う」スタイルをとっていった。研修会のテーマ自体に「問い」を持たせて教職員に投げかけるのである。例えば、「論理的思考」のある子どもの姿とはどのようなものか、と投げかけて皆で授業の中から子どもの具体の姿を探した。授業のなかでの具体の子どもの姿を短冊に書き込み、この姿は教師のこの支援や発問により生まれたのではないかと協議会で議論ができるようになった。教職員自らが考え、研究授業が終わるごとに論理的思考の具体の姿が明確になっていった。具体の姿が明確になると、理想の姿も思い描けるようになってきた。また、その描いた姿に向かう策についても考えることができるようになった。

③ 協議会のあり方自体を問う

協議会のあり方自体も教職員に問いかけた。今回の協議会はどうであったか、改善できることはないかアンケートをとった。毎回、皆の意見を取り入れ新しい協議会の形をとっていった。何度かの試みの後、「子どもに主体的に発言しなさいと言っているのだから、私たちもしなくちゃね。」という書き込みがあり、グループでの話し合いの後の全体討議のあり方について改善策が出されていった。ばらばらと話し合ったことを出すのではなく、全体討議に向けての話題をグループから提示して、議論していくのである。最初は

学習集団づくりをモデルとする教職員集団の形成　111

数人の発言しかない全体討議であったが、年度最後の協議会は、司会の必要がないほどざっくばらんな雰囲気で全体討議が行えた。協議会でざっくばらんに話し合えたのは、「日常的な場での主体－主体の関係づくり」があったことも大きな要因であると考えている。また、協議会での話し合いがあったから、日常の関係づくりもスムーズに行われた、とも言えるように思う。

　何もかもみんなが賛成して進んでいくことはもちろんなかったが、とにかくやってみようという雰囲気は改善し続けていく中で芽生えていったように感じた。協議会自体を自分たちで改善していくことは、自分たちのあり様、学校のあり様を考えることにつながったのではないかと思う。

　④　ゆさぶりを入れる

　人に指摘されるのではなく、内面がゆさぶられることで能動的な行為につながるのではないかと考えて取り組んだ。

　例えば自分たちの実践を振り返り、課題と成果をまとめ、改善策を打ち立てた1か月後に「改善策の中で自分が実践していることは何ですか」と問う研修会を開くことで、改善策と自分が実践していることにずれを感じさせた。また、研修会の中では積極的に同僚と議論する時間を設けて他人と自分の考えの違いによるずれを感じることができるようにした。「ゆさぶり」は、ずれを感じることによっておこると考え、こちらが無理にゆさぶる言葉をかけるのではなく、ずれを感じることができるものを提示し続けた。

　⑤　指導的評価活動

　研究推進部の指導的評価活動は、研修便りに頼っていたところが多い。研修会や協議会が行われた後に、内容をまとめてフィードバックを行ったり、会のあとには教職員に対してアンケートをとっていたので、意見や感想について答えるコメントを出したりしていた。「指導的」と言えるほどの評価活動ができていたかどうかは疑問である。ただ今となって考えてみると、内容をどうまとめて出すか、意見や感想にどう答えるか、それ自身が指導的評価活動になっていたのかもしれない。また、先生方の意見や考えを積極的に次の実践に取り入れること、「皆で答えを探していきましょう。」というメッセージを出すこと、それらは続けて行っていった。

研修便り ⑫

平成27年12月1日　研究推進

H先生、授業提案をありがとうございました。
児童の実態から生み出された単元構想の工夫という視点をいただきました。
H先生から学んだことの一部を載せます。

子どもの実態から始まる教材研究	日々の見取りやアンケート調査によって子どもの実態を把握する、一方で五社の教科書を分析する、その両方の視点をもって単元を構成されていました。本時もわかりやすい掲示物や自信度マップ、先生の言葉がけなど子どもの実態を踏まえた手立てがされていました。
切り返し	食塩の重さはどうなるのか、子ども達は生活経験や既習事項をもとに自分なりに考えて積極的に発表する姿が見られました。そこで留まらず、H先生は切り込んでいき、曖昧な考えに対してゆさぶりをかけ児童の思考をさらに深めていかれました。
学級経営	意欲的に考えることができていたのは、課題提示のありかたや授業の組立て方もあったと思いますが、意欲的に考えることができる素地がクラスで養われていたからだと思います。自分なりの根拠を一生懸命に書く、そこがあるから友達の意見を聞いて自分の意見と比べることができる、さらに友達の意見を根拠にして考え、意見を変えることもできたのだと思います。授業を深めることと学級の集団を育てることの両方があれば、子どもは成長していくことを学ぶことができました。

協議会のあり方についてのご意見です。
白い紙に付箋を貼ってグループ分けしていくと、キーワードみたいなものが見えてくるので、そこに良さがあると思います。「〇〇したことで〜できていたか。」の〇〇したこと、手立てについて全体で話し合うのも一つかなと思います。

　ありがとうございます。次回のF先生の授業では、そこが視点になってくると思います。
　全体の場での話し合いで、私たち自身で深めることのできる協議会になればいいですね。それは自分たちで授業や子どもを見取り、良さや伸びや関わり合いの姿を評価していることでもあるし、授業への意識を高め合っていくことにもなると思います。人から与えられた答えではなく、私たちで答えを探しましょう。

　年度の終わりが近づいてきた2月に児童Dが問題を起こした。放課後の職員集会でF教諭はあったことや悩みを教職員の皆に話した。皆黙って話を聞

いていた。その後、この現実をどうしていくのか、誰とはなくぽつぽつと話し始め、それを受けてまた誰かが話し始めた。学校としての体制、児童Dへの願い、そのために自分たちができること、一人一人が考えていた。言葉多い熱い議論ではなかったが、クラスを超え、学年を超え、子どもをどうしていくのかを懸命に考える教職員の姿があったように感じた。

　勤務時間が終わり、集会が終わった。そのとたん、皆が席から立ちあがりF教諭のもとに集まり話し合いが続けられた。F教諭をいたわりながらも、未来に向かっての話し合いが一時間以上続いた。

　吉本均の学習集団づくりで教職員集団づくりをしたら、どのような教職員に、どのような集団になるのだろう、よくわからないまま一年を過ごしてきたが、先生方から一つの答えをいただいた気がした。

註
1）現代学級経営研究会編『学習集団づくりと学校経営』東方出版、1973年、144-145頁。
2）同上書、147頁参照。
3）同上。
4）同上書、154頁参照。
5）同上。
6）佐古秀一『学校組織開発論』ミネルヴァ書房、2006年参照。

（久保田みどり）

4　教育の単純な原点＝起点としての「まなざしの共有」

　本章の副題「まなざしの共有から真理・真実の共有へ」には、実践者である久保田先生ご自身の強い思いが込められている。このフレーズは、久保田先生が先達の授業実践をとおして出会い大学院で学び直そうと思った吉本均が、自身の著書や色紙等に署名やサインを求められたときに書き添えていた献辞の一つである。このフレーズは、学級づくりや授業づくりに取り組む教師の日常が、どんな場合でも、子どもと「まなざしを共有する」ところから出発するものであり、その教育活動がつねに「真理・真実を共有する」ことに導かれ、営まれるものであることを示している。

このフレーズのもとは、学習集団の授業を「応答し合う関係」の質的発展とその指導として、（1）対面する関係の指導、（2）うなずき合う（首をかしげる）関係の指導、（3）「わからない」をだすことの指導、（4）発問（説明・指示）による対立・分化とその指導、（5）接続詞でかかわり合う」関係の指導、という五つの位相で定式化したこと[1] に由来する。久保田先生は、この「応答し合う関係」を基軸に吉本均の著作群を読み直し、それを「主体形成」論の中核として位置づけ、構造図1で示されている斜めの矢印を「対面する主体」「うなずく主体」「『わからない』という主体」「個性的な解釈・認識をだす主体」「解釈・認識のちがいをめぐって問答し共感する主体」という五つの主体で再構成している。

ペスタロッチー研究から出発した吉本均が、授業研究をフィールドとする教育方法学に転身し、授業と集団の関係を授業集団の構造や組織するリーダーシップ論として、さらには訓育的教授の実現を発問と集団思考から理論的にも実践的にも追究してきた学習集団づくりの成果を踏まえながらも、あらためて「まなざし」の問題をペスタロッチーに立ち返りながら再定義することになったのは、1970年代後半から1980年代前半にかけて、校内暴力やいじめ、不登校といった諸問題で学校が「荒れる」、あるいは授業が「成り立たない」ことに対する根源的で学問的な応答においてである。困難な学校や課題をかかえた教室での授業研究に出向くことが多くなった吉本均にとって、それまでの学習集団論が明らかにしてきた組織論的な学級づくりの手法も、教材研究をふまえた発問の技法も、教師と子どもが、子どもと子どもが、相互に「向かい合い」、「まなざしを共有する」という単純な教育学的な原点ないしは教育思想の源流への回帰なしには成り立たないことへの再認識だった。

先端的で今日的な諸問題は、対処法的な対策の導入ではなく、原点や源流への回帰なしには根源的な課題は解決しないのである。こうした吉本均の学問的な発展史は、久保田先生の実践的な個人史とも重なる。学習集団づくりと出会い、サークルで学び、学んだ技術を教室で実践することで、「授業や学級経営は、今までとはまったく違うものとなり、子どもたちの成長を実感できるようになった」久保田先生が、「しかし、いつのころからか限界を感じるようになった。応答のある全員参加の授業になっても、私から見ると子

どもは他律のままであった。育てきれないのはなぜなのか」と問う、その根源的な問いこそ、吉本均がペスタロッチーへ回帰していく学問的姿勢と重なるのである。

　どんなに教材研究や教材解釈を深めても、発問の技術やゆさぶりの技法によって子どもに媒介されない限り無力である。しかし、発問やゆさぶりで子どもが動いても、それが「真理・真実の共有」にむけて教育的に価値のあるものなのか、子どもの成長にとって意味のあるものなのかを常に問い続ける思想が教師には必要なのである。たしかに技術によって子どもは動く、しかし、思想とともに子どもは育つのである。

　全員参加で活発に発言はしているが、それが「他律のまま」なら、子どもの成長にも、根源的な課題解決にもならない。この子どもを見つめる久保田先生の「まなざし」が教師集団に向けられるとき、それは教職員の「やらされ感」と向かい合うことになる。校内研修を活性化する方法として、ワークショップが導入されることも多い。たしかにワークショップで、講師の話を聞くだけの研修会と違って、教職員は全員参加で活発に発言しているかもしれない。しかし、それが「他律のまま」で「やらされ感」を払拭できないのなら、教師の成長にも、職場の根源的な課題解決にもつながらないのである。その点にこそ、久保田先生の「教職員集団の形成」の根源的な問いがある。一人ひとりの教職員が「他律（heteronomous）」で動くのではなく、「自律（autonomous）」した判断と行為で「学校の自律性（autonomy of school）」を支えていくことが、教室の子どもたち一人ひとりのニーズや地域の期待に応えることになるからである。そのため、吉本均の「学習集団づくりをモデル」としながら、構造図１に学校経営の視点をも加味しながら作成したのが、教職員の「主体形成」の構造図２である。

　学級経営のモデルでもある図１と学校経営のモデルとしての図２を比較すれば、久保田先生が、学級経営を基盤に学校経営を描いていることがよく分かる。しかし、「教師－子ども」関係を基軸とする学級経営と「教師－教師」関係を基軸とする学校経営とでは、変更や発展が見られる。とくに図２の右下に「日常的な場での主体－主体関係づくり」が太枠で示されているのは、学級経営とは違って、学校経営においては「日々の対話・ともに動く」ことに、より意識的に取り組む必要があるからであろう。

論の展開としては、図1をもとに図2が作成されている。しかし、逆に、図2から図1を見直すことも必要である。そうすると、先に違いとして述べた「日々の対話・ともに動く」ことは、教師が子どもと過ごす時間が取れない今日の状況においては、学級経営において最も必要とされていることだと気づかされる。さらに、図2では、組織するリーダーシップを「チームによる」と発展させている。この視点は、学級経営においても、中学校のホームルーム経営で教師集団が「チーム」をつくるだけでなく、子どものリーダーシップ（例えば班長）のあり方としても、「班長複数制」や「班長集団（チーム）」といった構想で、班活動や係活動、委員会活動を見直していくことにもなる。

このように図1と図2の間に往還性や互換性があるのは、久保田先生においては、教師であろうと子どもであろうと「一人の人間として正面から向き合う主体－主体の関係」を基軸にモデルをつくり、学級経営や学校経営を構想し、教育実践の具体を吟味し、評価し、フィードバックしていく日々の営みを大切にしているからであろう。

吉本均には、直接的な「教職員集団の形成」論があるわけではない。ただ多くの授業研究で出会った学校の状況や教職員の様子をふまえて、たえず次の一点を強調していた。

　　教職員の意識統一をはからなければ何も仕事ができないといわれることもある。しかし、ことがらは逆である。意識統一をしてから仕事を、ではなくて、一つの仕事をすることで意識統一ができるのである。一つの仕事に知恵をだし合い、汗を流し合うことをとおしてしか、意識の統一はできないのである。[2]

久保田先生の実践の後半は、まさにその「一つの仕事」を「児童D」を中心に教職員が「知恵をだし合い、汗を流し合う」具体的な姿として描くことで、学習集団づくりをモデルとする教職員集団の形成の典型を示すものとなっている。

註
1）吉本均『学級で教えるということ』明治図書、1979年、27頁参照。

2）吉本均「総論－教師の『まなざし』と『タクト』を鍛えるために」吉本均責任編集『現代授業研究大事典』明治図書、1987年、571頁。

（深澤　広明）

第5章

地域とのつながりを生かし未来を創る人を育てる学校づくりと授業づくり
── 学びを生き方につなぐ学校づくりは地域づくり ──

1　地域課題から学校のミッションへ、教育目標へ

　広島県の最も人口の小さな町に、県内で最も小規模のＴ中学校（生徒数10名）がある。少子高齢化、人口減少が顕著に表れている自治体にある中学校である。中学校区には複式学級を抱える小学校が１校あり、子どもたちは保育所から中学３年まで同一集団で進級していく。この中学校のミッションは「未来を創る人づくり」。将来、この町を担い、支えていく人材となる生徒を育てるということ。たとえ、地域を離れたとしても、そのもてる力を、この町にも生かすことができる資質・能力を育てるということである。

　本稿は、ミッション実現に向けた学校の教育目標を「学びを生き方につなぐ教育の創造」として、地域とのつながりを生かし、「自分の可能性」と「すばらしい生き方」との出会いのある学校づくりに取り組んだ記録である。内容は、私が校長として着任し、学校統合までの２年間、教職員向けに書き綴ってきた「校長だより」から抜粋し、加筆・再構成したものである。

　この中学校での取組を通して、学校づくりは地域づくりではないかと考えるようになった。また、授業づくりが地域づくりにつながるとき、学校での学びが、生きて働く学力に、生徒一人一人の生き方につながっていくのだと確信するようになった。

2　校長面談！夢を志につないでいく教育とは
　　　── 学びを地域にひらけ ──

　４月、着任早々校長のたっての希望で全校生徒との面談を実施した。一人当たり10分程度の面談だったが、どの生徒にも将来の夢についてたずねた。

車、スポーツ、林業、流通業、教育関係等。一人一人の夢は様々であったが、共通していることがあった。

それは、将来の夢をもつきっかけが周りの大人とのかかわりのなかで生まれている、ということである。

「両親が車が好きで、日曜日にはいつも、車の手入れやタイヤ交換などを手伝ったりしていたので、いつからか車関係の仕事に……」

「とてもお世話になった小学校の先生から卒業時にいただいた手紙に『将来一緒に仕事できたらいいね』と書いてくださっていた。それがきっかけで養護教諭に……」

「冬には、棚田を臨む自宅までの道は雪で見えなくなります。それでも、急な坂道をやっとの思いで自宅を探し、大切な贈り物を届けてくださった。その宅配業の方の真剣な姿と笑顔が忘れられなくて、自分も笑顔を運べる流通業に……」等々。

すべての生徒との面談が終了した時、ある教え子のことを思い出した。「将来、料理人になりたい」といっていた当時中学3年の男子生徒のことだ。彼の家庭は母子家庭であり、病気がちな母親は入退院を繰り返す状態だった。気になって何度かそっと家庭訪問すると、せっせと洗濯や掃除などをしている彼がいた。家庭の支えとなっている彼の姿がそこにあった。卒業文集に「10年後の私へ」という題で彼は次のように書いている。

　　10年後の私へ。もう一人前の料理人になっていますか。いま私は、病気の母のためにも、「人の心まで元気にする料理」をつくる料理人になりたいと思っています。私は短気で飽きっぽいところがあるので、そう簡単にはいかないことは、亡くなった漁師である父からよく聞かされていたのでわかってはいます。でも、料理は私が好きなことだし、たとえその修行がきつくても辛抱して続けられていると思うのです。
　　だから10年後の私。あなたは、まだ店を構えるまでにはなってないと思いますが、もう一人前の料理人にはなっていますよね。

高校2年になった春に母親が他界した。高校を卒業すると、関西の料理店の住み込みの見習いとなった。一番食べて欲しかった人への彼の願いは叶わ

なかった。だがきっと彼のことだから、人の心までも元気にする料理をつくるという、その志は叶えていると思う。できればいつか、その料理を食べてみたいと思う。

本校の生徒たちも、一人一人夢がある。たとえ中学生という現時点で描いているささやかと思われる夢であっても、それが彼らの志につながる可能性を信じてかかわり続けたい。

さて、彼らの言葉は、学校での学びを生き方や地域貢献の志につなぐ上で重要なことを教えている。多くの大人との関わり合いにより多様な生き方や価値観と出会い、経験し、実感すること。ふれあいや、経験や、感じたことをもとに自分で考え判断すること。学校で勉強していることや体験などの学びが、社会や自分の将来へとつながっていくのだと実感を伴ってわかること。そして、豊かな経験に支えられた広い視野から、自分の進路を自己検討・自己決定できる力を育てるということである。

これらの実現のためには、学びを教室の中だけに留めておくわけにはいかない。学びを地域に開いていく必要がある。地域・家庭との連携・協働により、社会や様々な人たちとつながった学校教育の展開がぜひとも必要なのだ。

3　保小中合同運動会
── 一歩先を生きる先輩から受けとる生き方のバトン ──

「この５月の運動会ですが、保小中学校の子どもたちが一緒にするんですよね。どんな運動会ですか」、私はそばにいた男性教師に尋ねた。「校長先生。ここの運動会は、保育所と小学校と一緒にやってきた長い歴史があります。毎年、地域の人たちも楽しみにしているんですよ」私は、小規模ゆえのことかと、半ば残念な思いでいた。

私の心中を察したのか、その教師がつづけた。「それがですね。この運動会では中学生がとても良い動きをするんです。中学生にとって、とても意味のある運動会なんです」

「中学生がとってもよい表情でやってくれるんですよ。ご覧になられたらわかります」そばにいた女性教師もにこにこしながら付け加えた。

それでも、年齢の開きが運動会の運営上の制限や支障を生むのではないか

と、半信半疑のままだった。だが、運動会当日、私の心配はあとかたもなく消え去った。

　この運動会は、中学生が、保育所や小学校の子どもたちのよき姉さん、兄さんのように関わりながら会全体を主体的にけん引していく。運動会のテーマは「全力闘久」。小中代表の子どもたちがテーマの案を持ち寄り、中学生がリードしながら協議を重ね、「一人一人が全力で最後まで力を尽くそう」という願いがひとつになって決定したものだった。

　運動会終了後、私は中１の生徒たちにたずねた。

　「今年の運動会は、小学生のときの運動会と違っていましたか」と。すると一斉に、「ちがっていました！」と元気な声が返ってきた。だれもが、自分の確かな成長の手ごたえを実感している表情だった。ある１年生Ｏ君は、次のような感想文を書いている。

　　　　初の中学生になっての運動会でした。だから、うまく小学生や園児をリードしようと思ってがんばりました。来年は、今の小学６年生が中学校に入ってくるので、先輩としての僕たちがもっとリードしないといけません。だから、今から楽しみです。

　この生徒は、中学生として、先輩として、この運動会に参加する園児・児童たち後輩をリードするという自覚を持って運動会に臨んでいる。来年、中１となる今の６年生たちとともに後輩たちをリードすることを「今から楽しみ」にしている。上級生となる自覚と次年度への期待を、この運動会を通して抱いていた。では、運動会の何がこのような気持ちにさせているのか。

　それは、合同運動会がもっている、二つの教育的機能にあった。

(1)　保小中合同運動会がもつ第一の教育的機能

　先輩である中学生たちは、競技者であり、運営リーダーであり、裏方でもある。一人三役の彼らにはプログラムの間も休みはなく、片づけ・準備のリーダーとしての責任を担っている。運動会終了まで絶えずそれぞれの責任を一人一人が果たしながら会全体を彼ら自身の手で進めていく。少し腰を落として目線を低くし、小さな手をとり園児の気持ちに寄り添いながら、しかも堂々

とエスコートしていく姿。

　競技が終わったら用具の片づけと準備のために全力疾走でグランドに向かっていく姿。

　運動会でのこうした先輩の姿を通して、「あのような先輩の姿がかっこいい」「自分もあのような先輩になりたい」といった憧れや夢を後輩たちは抱く。

　次の自分の「番」に備えるための、先輩から受け取る生き方のバトンである。

　「自分が小学生だった頃、運動会のとき、中学生が大きく見えました。大人に見えました。だから、中学生になることが、憧れでした」PTA会長さんが当時を懐かしむように話してくれた。自らの理想の姿を先輩の具体的な姿に投影させながら、子どもたちは成長していく。これが、異校種縦割り集団活動、この運動会がもつ第一の教育的機能である。

　それをうまく機能させることが教師集団の腕の見せどころというわけだ。

　「O君よ。君は中学の先輩に憧れていたが、先輩を超える自分を見つけられたか」等々。

(2)　保小中合同運動会がもつ第二の教育的機能

　40数年間続いているこの合同運動会。参観している地域の人たちは、T中を巣立った大先輩たちである。年に一度、地域のOBが集う場がこの運動会なのだ。

　「Aちゃんは、大きくなったのう。よちよち歩きがついこの前のようじゃ」

　「Bは、いい表情をしとる。体格も、もう大人じゃ。頼もしい、ええ若いもんになるで」

　テントの中で、その年度の後輩たちの成長を目の当たりにしながら声援を送る。あの頃の自分たちと重ね合ったり、後輩たちの未来に対する期待を語り合ったりしている。

　そして、私にも期待の言葉をかけてくださる。

　「校長さん。T中の生徒のためならできることは何でもやるけえね。ゆうてえよ。地域のもんはおおかたT中の卒業生じゃけえね」思い返すたびに元気が出る。

　生徒たちにも下校の帰り道で、「きのうはありがとうね」とか、「おかえり」と笑顔で声をかけてくださる。生徒の方も「ただいま帰りました」と自然に

挨拶を返している。

　この笑顔のまなざしと温かな声がけが、この地の子どもたちを心豊かに育む秘密なのだ。都会が忘れかけている大切なもの。地域が子どもを育むということ。ここでは日常の営みにとけこむようにそれが生き続けている。合同運動会が、地域の人をつないでいる。地域のコミュニティの場となって、地域ぐるみの子育て機能を維持させている。これが合同運動会の第二の教育的機能である。機会があれば、地域の大先輩たちに尋ねてみたい。

　当時の運動会で、先輩たちから自分が受け取ったバトンの現在(いま)を。

4　挨拶運動は地域貢献
──「おはようございます！」心に届くよ！まごころ挨拶──

　「どうせやったって……」、「どうせ自分なんか……」、「どうせみんなは……」「どうせだれも……」

　「どうせ」で始まる言葉は、なんだか投げやりなあきらめや、きめつけ、軽蔑などの気持ちを反映して伝わってくる。

　本校の校門前には車道がある。朝は、人よりも車のほうが多く通り過ぎていく。

　「通るのは車ばかり……」「どうせすぐに通り過ぎる」「どうせ車の中の人には聞こえない」「どうせ知らない人ばかり」「だから挨拶なんかしたって無駄！」「どうせ」、「どうせ」と思うと、ときとして正しい心が別の心に取って代わろうとする。

　生徒たちが朝早く校門前に並び、道行く人たちに挨拶をしている。「地域のために役立ちたい」という思いから始めた挨拶運動である。朝は人よりも車の多い時間帯であるだけに、賛否意見を交わし合い、やっと決定に至った挨拶運動だった。

　「確かに、車の人には聞こえないかもしれない」「でも、どうせあいさつするのなら、大きな声ではっきり口をあけて、丁寧におじぎをしよう！」「みんなで決めた取組だ。どうせやるなら、笑顔で車の中の人の心にも届く挨拶をしよう！」

　「どうせ」という言葉は不思議な言葉である。「どうせ」とあきらめかけた

り、一歩踏み込めず躊躇したりする気持ちがあっても、前向きの一歩の「勇気」さえあれば、「挑戦」の心を引き寄せ、ときには「感動」を連れてきたりもするのだ。そのことを生徒たちが実証してくれた。

校門で挨拶をする生徒たちの前を、次々と車が勢いよく通り過ぎていく。巻き上がる砂ぼこりのなか、生徒たちは挨拶を続けることをやめなかった。

「このごろ生徒の挨拶はとてもええよ。そのせいか、車の中から挨拶をかえす人が増えてきたんですよ」「はじめは、こうした光景は見かけんかった」「校門近くになるとスピードを緩める車もあるんよ。そして、車の中から生徒さんたちに『おはよう』と挨拶される。こっちにも声は聞こえんが、そのように口が動いとるけえわかるんですよ」「また、それに対して生徒さんのほうも、笑顔を返しながら『ありがとうございます』と頭を下げとるんです。朝からとてもええ気持ちになります」

感心されながら話されたのは、長年欠かすことなく毎週生徒の登校時に交通指導をしてくださっている地域の方だった。その方との話を教頭が嬉しそうに私にしてくれた。

校門前を通り過ぎる車。毎朝、挨拶をつづける生徒たち。彼らの挨拶の声は、聞こえないはずのドライバーの心に届いていた。車を減速し挨拶を返していただいた方にも感謝したい。その方の「大人としてのマナー」は、本校生徒の心に印象深く残ることと思う。

「真心こめた挨拶」は、人の心も動かしていくのだと生徒たちが教えてくれた。「たかが挨拶。されど挨拶」生徒たちに「感動をありがとう!」と言いたい。

後日、生徒会長のKさんが校長室にきて、私に提案してくれた。校内での「立ち止まって挨拶」の運動と、校門だけでなく小学校前での地域の人や小学生に対する挨拶運動への拡大案だった。私たち教師は、こうした「地域のために役立ちたい」「私たちに何かできませんか」という生徒たちの熱い思いを、精いっぱい応援していきたいものである。

5 社会に開かれた学びの協働構想
—— 生き方につながる「学びの地図」を創る ——

校長室のホワイトボードに、体験活動名を書いたカードを先生たちが貼っ

ている。教科や体験活動相互のつながりと、それらの発展性をめぐって議論しては、貼ったカードを並び替えたり線で結んだりしている。一連の活動で生徒たちが何を実現し、どんな姿となっていくのか、感動のクライマックスはどこだと、イメージのストーリーを語り合いながら「学びの地図」を創っていく。最後に、精選した活動群を貫く一本の軸を確認し合う。学びを生き方につなぐ軸である。次に述べる体験活動も、このような協働の構想過程を経て生まれていった。

(1) マラソンコースボランティア清掃－地域課題への挑戦の先にあるもの－

　校区内には、「しわいマラソン」のコースがある。全国各地から700名近くのランナーが参加する。大会当日は、地域の子どもたちはだれもが沿道で選手に声援を送る。

　この大会の事務局長のビデオレターが学校に届いた。大会の時期が近づくと毎年そのコースの整備を、地域の人たちがボランティアで行っていること。高齢者の多いなかで、急な坂がつづくそのコースの整備は細かいところまで行き届かず困っていること。ビデオの事務局長の声が生徒の心にしみこんでいくようだった。

　「自分を役立てたい」と地域に目を投じれば、実行可能な学びの挑戦課題が見えてくる。生徒たちは大いに共鳴したが、10人の中学生ではどうにもならない。人数不足という壁にぶつかった。考えたあげく小学校に出向くことを決めた。このボランティア体験への参加を後輩たちに呼びかけるためである。「全国各地から参加するランナーに自分たちのふるさとを気持ちよく走ってもらいたい。沿道においても気持ちよく応援してもらいたい。僕たち中学生や地域の方だけではその思いの実現は難しいのです！」その呼びかけは小学生たちの心を動かした。小中全校の活動となった。活動後、生徒の一人は次のように話してくれた。

　「このボランティア体験は自分のためになりました。自分がこのマラソンに関わる人たちのためになれたと思えるからです。一つのゴミでもランナーの人に気持ちよく走ってもらうためにと思って頑張って掃除ができました。自分も役立つことができたんだと実感しました」

　小学生たちが協力してくれてうれしかった、という感想ではなかった。人

のためにという行動は、実は自分のためになっていた、と話す生徒に、私は
とても大切なことを気付かされたようで胸が熱くなった。

(2) ボランティアスタッフ体験－立場を変える体験で地域の心を感じとる－

　龍頭峡祭りやふるさとまつりのボランティアスタッフへの志願。主催者側
から授与されたスタッフ認定証は、生徒たちの自覚をさらに深めた。「今ま
では参加している側での祭が、かげには大変な苦労があったということを
知った。また来年も参加して地域に貢献したい」生徒の力強い言葉だった。
参加する側からもてなす側、つくる側への立場の転換。立場を変えて初めて
分かる大切なこと。それは、県内各地からやってくる人たちにこの地域で楽
しんでいただける祭りにしたいと願う、地域の方々の心だった。ふるさとを
愛してやまない人たちの心意気であった。

　「手つどうてくれて本当にありがたい」「生徒たちが一生懸命動いている姿
を見て、本当に頼もしく思えた。そして、わしらも元気をもらえた」

　町の活性化を志す青年部の方々の言葉だった。その言葉に生徒も私たちも
励まされた。

(3) 海と山との生徒交流会－共通する地域の願いと課題－

　8月、山口県の瀬戸内海の島の中学校との交流会。島嶼部と山間部、環境
こそ違え、人口減少や少子高齢化など地域が抱えた課題も、地域の人たちの
子どもたちへの願いも、ともに相通じるものがある。現地における彼らとの
交流を通じて、学び合って欲しかった。島の人たちとの「すばらしい生き方
との出会い」を私たちは願っていた。

　同世代の生徒同士が、ふるさとのことや自分たちの地域貢献の取組を伝え
あい、質疑応答しあうことは、地域に生きる自分を自覚するうえで有効だっ
た。冬には、島の子どもたちが、私たちの町にやってきた。一面真っ白の雪
景色や、腰のあたりまで積った雪の深さに驚く彼らと本校生徒たちとの楽し
い交流会だった。お別れの式では、再会を誓いあっていた。来年は、我がふ
るさととお互いのことを、もっと話そうと。

6 学びを生き方につなぐ小中学校授業づくり協働体
── 小規模メリットをいかせ ──

⑴ 小規模校ゆえの授業の悩み

　2学期、年明け1月の道徳授業の研究公開を前に小中学校の先生たちは悩んでいた。

　「発問しても、三人の生徒では発言が続かない。しだいに一問一答になり、教師主導の授業になってしまう」「保育所以来よく分かり合っている人間関係が、語り合うことを邪魔しているのだろうか」「小規模学級では、主体的に発言し合い深め合う授業はむずかしいのか」

　それらは、授業者の課題ではあったが、私たち小規模校教師集団の挑戦すべき課題だった。

　1500名を超える大規模校から500名近くの中規模校、生徒指導上の課題を抱えた学校が私の勤務校には多かった。暴言を吐き、器物を破損させ、授業妨害や授業エスケープする生徒たちがいた。「生徒の数も指導すべき課題も多くて十分な指導にならない」「生徒指導に追われて授業どころじゃない」「チャイムが、ボクシングのゴングのように聞こえる」

　かつての同僚がため息まじりに、つい口にした言葉だった。

　しかし、一人一人の生徒と話しこんでみると、「先生、わかる授業をしてくれよ」「なぜこれを勉強するのか。俺にとっての学ぶ意味を、教えてくれよ」と、腹の底では本物の学びを要求していた。学ぶ喜びや学ぶ価値を実感できる、わかる授業を求めていた。

　現任校には前述のような課題的な状況はない。しかし、生徒たちが願っていることは同じである。だからこそ、教員がチームとして総力を結集して知恵を出し合い、協働で、課題解決の実践を創りだしていかなければならない。

⑵ 「気軽に参加の模擬授業！」
ー小中教師集団の授業づくりスタイルの確立ー

　語り合い深め合う授業という、挑戦すべき課題解決のために、小中学校の先生たちは合同の模擬授業を始めた。小規模校同士ゆえに集まりやすかっ

た。チームの教員内で検討した指導案をもとに、他校や他の学年教員が生徒役となって行う模擬授業である。

　模擬授業のあとは気づきを自由に交流し合う。「先生のゆさぶりは考えさせられました。」「でも、この場面は人物関係を図示して発問してもらえると、もっとわかりやすいです」

　若い教師の発言である。生徒役になったからこその内容であり、実感を伴っていた。

　生徒指導担当から、「ここではAはまっ先に発言するだろうが、Aと昨日口論になったBは黙ってしまう」とあると、「それならまず考えを書かせてBに指名してはどうか」と返ってくる。生徒の反応を予想したり、代案を出し合ったりするのだ。教育委員会や大学の研究者も交えて専門的な視点での協議も行った。特に発問に対する子どもの反応を予想し合うことは有意義だった。担当教科や校種の違いを忘れて、誰もが子どもの立場になって発言した。特に、中学生が全員教え子である小学校の先生の発言は傾聴に値するものだった。また、実際の授業後の検討会で、予想とのズレの原因を探ることは、発問の有効性の検証と改善につながった。研究会の授業者全員の模擬授業が終わるころ、誰もが子どもたちの名前をあげながら互いの実践上の悩みや、日常の様子を交流し合えるようになっていた。

　校種の壁を越えた協働の指導案づくりのあゆみは、小中学校教師集団の教育力に着実につながっていた。授業が変わり、子どもたちが変わってきたからだ。

7　体験を価値ある学びにする
―― 学びを生き方に、志につなぐ ――

⑴　地域貢献の志をはぐくむ小・中・高の学びの一貫性と発展性

　体験を生徒にとって価値ある学びにする必要がある。そのために、私たちは学びの一貫性と発展性に留意してきた。昨年度の卒業生の取組「子育て世代の移住・定住大歓迎！プロジェクト」は、人口減少の進むこの町の課題を直視し、それへの対策を自作DVDやオリジナルマップで提案するものだった。この先輩たちの「地域貢献」の志を引き継ぐ取組が、本年度の地域特産

品の販売体験である。

　保育所で特産品の収穫体験、小学校で特産品調べ。そして、中学校での生産者の願いの取材と特産品販売体験。この販売体験は、わが町の魅力発信であり、地域貢献活動である。

　生産者を直接訪問して、苦労の過程で得た知恵や願いを学び、地域のよさを再発見したり、地域を生かす自分、地域に役立つ自分をみつけたりする。まさに自分の可能性との出会いである。販売当日、生徒たちは自信を持ってふるさとのよさをアピールした。「いらっしゃいませ！」と広島市の本通りを往来する人たちを呼び込み、丁寧に対応していた。

　この学びを発展させる実践が地元高校にあった。「炭づくり」、「漬物作り」、「シイタケ栽培」などの地域特産の「起業化」をめざす探究活動である。私たちは生徒たちに中学校での学びの、その先を見せたかった。高校側と教育課程の調整をし、中高合同授業を実施した。地域を取り込む、保小中高等学校の、学びを生き方につなぐ軸が、一本につながった。

⑵　「もう一回がんばろう」と言わしめたものは何か
　－地域への想いをつなぐ－

　販売する特産品のひとつに「井仁の棚田米」がある。販売に先立つ道徳の時間の題材名は「ふるさと」。ゲストティーチャーは、この棚田米の生産者である。生徒たちは、その方の話を、みじろぎもせずに聞いていた。

　「私も長年ここに暮らしていて、『ふるさと』ということについて考えたことがなかったです。ふるさとについて、皆さんの気持ちを聞き、とても心強く感じて、非常にうれしくなりました。ますます元気が出てきて、『頑張らなければいけんなあ。よし、わしももう一回がんばろう』という気持ちになりました」

　御年70歳になられるこの方の言葉は、高齢化が進むなか、井仁の棚田米の伝統を守り、その生業に生きることを誇りとする人たちを、代表する言葉だった。

　「わしももう一回がんばろう」と言わしめたものは何か。この問いを深く追求するとき、生徒たちは「地域の人たちの共通の願い」に気づき、「何か自分が役立つことは、できないか」と考え始めるのではないか。だから、こ

の想いをその後の販売体験やボランティア体験を貫くものとして引き継ぎ、生き方につながる価値ある学びにしたい、と考えた。

(3) 学びの成果を地域に問う－学びを未来につなぐ－

　生徒たちが決めた学習発表会のテーマ「ありがとう！ふるさと！地域に感謝、そして貢献」。この会は、学びの成果の発表の場であり、地域からそれを評価される場でもある。

　地域課題を自分たちの課題とした解決行動が地域貢献活動となる。その過程で得たものを提案発表するのだ。経験は言葉に具体性と説得力を与える。参観者の質問に彼らは堂々と答えていた。伝統の龍頭太鼓演奏で会を締めくくると、地域の方から感想をいただいた。

　「未来に向かって頑張っている姿勢がよくわかりました。頼もしく感じました」「一生懸命さに感動し、元気をもらいました」「大人になってもふるさとを忘れないで。いつもふるさとがあなたたちのそばにいることを願っています」「皆さんの瞳の輝き、とても嬉しかった」

　涙ぐむ生徒がいた。声を詰まらせながら「ありがとう」を地域の方々に伝えていた。

　地域に支えられ生かされている自分がいる。それへの感謝の想いが地域貢献を導いていく。

　学校づくりは地域づくりである。そして、授業づくりが地域づくりにつながるとき、学校での学びは生きて働く学力に、地域を担う人の生き方に、未来を創る志につながっていく。

　半月後の平成29年4月、本校は学校統合する。新しい学校の校歌の歌声が聞こえてきた。統合する二つの中学校の生徒たちだ。開校する日にはお互いに校歌を歌えるようになっていようと約束し、呼びかけては校歌の練習をしていたのだ。将来、地域を担うだろう新しい仲間たちが、校歌を通して心を一つにし、新中学校の歴史づくりの準備を始めていた。

（近藤　毅）

8　主体形成論に貫かれた教育のかたち
── 願いに根ざした「見通し」を組織するということ ──

　この学校は「主体形成」の磁場に満たされている。何かに「挑みたい」と願う誰かと、その思いに呼応してともに挑みたいと願う人々の息づかいが聞こえてくる。

　「小規模校だから実現できた実践である」と評してしまったなら、学校統廃合が進む時代の遺産のように見えてしまう。しかし、この学校づくりの実践は、いま多くの学校で見失われようとしている教育の根本問題を見事に浮き彫りにしている。それは、「教育における主人公は誰なのか」「誰の願いに応えるのか」という理念・思想（主体形成論）の問題と、そのための方途としての「見通し」の組織化の問題である。

(1)　子どもを客体化する「学校スタンダード」隆盛の時代に

　今や我が国の多くの学校が、子どもの主体性をむしろ奪いとるような「客体形成」の場に成り果てつつある。それは、例えば「学校スタンダード」などを導入する動きの中で加速している[1]。この背景には、教育の水準（質）を保障する目的があるとされる。大人が「こうやれば（学習や生活が）上手くいく」という「型」を子どもに提示することによって、「子どもが迷わずに済む・落ち着く」「若い教師・学校の負担軽減が図られる」「理想的な授業モデルを効果的に学べる」などといったポジティブな意味づけがなされる[2]。

　今日、学校や教師は絶えず成果を競わされ、失敗したら「自己責任」を問われる時代の只中にある。こうした新自由主義的価値観に覆われた状況下で、「上手くいく」結果を欲し、失敗のリスクを回避したいという願いが加速する。「学校スタンダード」は、こうした願いを合理的・効率的に実現するための装置である。斯くして、この国の多くの学校が、「大人が定めたスタンダードを子どもに粛々と遂行させる場所」と化しつつある。

　「学校スタンダード」も、もちろん真正面から客体形成を謳っているわけではない。むしろ「主体的に学ぶ子ども」を異口同音に掲げる。しかし、結果として、似て非なる子どもの心性を育ててしまうのである。なぜなら、権

威者が定めたスタンダードに支配された教室空間において、子どもには自ら
の願いを表明する余地がなく、スタンダードの遵守競争に駆り立てられて「従
順な子ども」を演じる他ないからである。それは、子ども自身の願いに根ざ
した真の「主体性」ではなく、いわゆる「操られた主体性」を演じる姿でし
かない。だが、それでも「学校スタンダード」がこれほど全国に拡散するに
至っていることには相応の理由がある。大人が「学校スタンダード」を子ど
もに遵守させることによって、「子どもが迷わずに済む・落ち着く」ように
保護することが教育者の仕事である、という論理が、相当の支持を得ている
のである。

　しかし、子どもが「困る」という事態は、子どもの（人の）成長にとって
極めて重要な意味があることを思い出す必要がある。本当に困ったときこそ、
人は真剣に悩み・考え・判断しながら前へ進み、成長する。人類もそうやっ
て進化してきたはずだ。そうだとすれば、子どもが迷ったり困ったりしない
ように大人が統制・保護したら、子どもの成長の機会が失われることにな
る。言うなれば、「学校スタンダード」は、子どもを「思考停止状態」へ誘
導してしまう装置だ。「思考力・判断力・表現力」の育成がこれほど強調さ
れる時代にあって、まったく逆の結果が導かれてしまうことに気付かねばな
るまい。一方で「考えよ」と命じながら、他方で「考えずに従え」と命じて
いる。まるでアクセルとブレーキを同時に踏み込むような滑稽な取組なので
ある。その程度のことにさえ気付かなくなるほど、成果を求めリスクを恐れ
る時代の磁場は苛烈である。

(2)　子どもの願いに根ざした「主体形成」の哲学

　本実践における学校づくりは、「学校スタンダード」とはまったく異なる
哲学に裏打ちされている。それは、一貫して子どもの願いに根ざして学校を
つくるという哲学である。大人の思惑で展開される「学校スタンダード」と
は対極にあると言えるだろう。すなわちそれは、主体形成論である。

　近藤は校長として着任して早々、生徒と面談し、「どの生徒にも将来の夢
について尋ねた」という。そして、「彼らの言葉が……重要なことを教えて
いる」と語っている。子どもの将来の夢がいずれも「周りの大人とのかかわ
りのなかで生まれている」という事実が、近藤に学校づくりの指針を与えた

というのである。斯くして、近藤は、「多くの大人と触れ合うことにより多様な生き方や価値観と出会い、経験し、実感すること」に軸足を置いて「豊かな経験に支えられた広い視野から、自分の進路を自己検討・自己決定できる力を育てる」べく、学校づくり・授業づくり・地域づくりに着手する。

(3) 願いに根ざした「見通し」を組織する仕事

　近藤による学校づくりの実践は、「見通し路線」にもとづく主体形成の教育である。「人間を教育するということ－それは彼らの中に見通し路線を組織すること、すでに所有しているものを利用すること、いっそう価値あるものへ順次置き換えていくこと、にある」[3] というマカレンコの言葉そのものである。子どもが抱く「夢」や「願い」が、「学校づくりの夢」へとゆるやかに同期し、「見通し」として共有されていくのである。

　例えば、この学校の運動会には「次の自分の『番』に備えるための、先輩から受け取る生き方のバトン」が受け継がれている。それを、よりいっそう価値のあるものへ高めていく仕事を、教師集団と地域の大人たち（先輩たち）が担っているのである。

　こうした比較的遠い「見通し」に支えられ、励まされている子どもたちは、日々の生活の中でも、様々な願いを起ち上げようとする。教師集団がその願いに呼応しながら、比較的近い見通しを組織化していくのである。挨拶運動もそうであったし、マラソンコースのボランティア清掃、祭りのボランティアもそうである。この姿に、地域の大人たちが呼応し、感動の声が届く。その声が子どもを励ますエールとなり、行動主体・生活主体としての子どもが育っているのである。

(4) ともに困難に挑みかかろうとする主人公とサポーターが育つ場所

　本実践の特徴は、互いの信頼にもとづきながら、子どもの願いが立ち上がる点にある。周囲が（子ども集団や職員集団、地域集団が）呼応し、ともに挑みかかっていく姿がそこにある。本来、学校とは、子どもの願いに根ざして見通しを組織化することによって、子どもの主体形成を担う場所である。そのことを一貫して見失わなかったのが、この学校であると言えるかもしれない。

この学校では、子どもと教師が「挑みかかりたい」と願う同じ方向へアクセルを踏み込む。その過程で、子どもも教師も主体的に考え・悩みながら活動が展開されていく。それは、そもそも取り組まなくても済む余計な活動かもしれないし、上手くいく保証さえないかもしれない。言うなれば、いま多くの学校や教師が最も恐れているリスキーな取組のオンパレードのようにも見える。しかし、そうしたリスキーな事態に自ら挑みかかり、乗り越えることができたからこそ、子どもが伸びていくのだという事実を、私たちは確かめ合った方がいいだろう。

　教育という営みは、そうした困難やリスクに立ち向かおうとする子どもたちを、教師や地域の大人たちが支えることによって乗り越える営みでもあることを思い出したい。困難やリスクを、ともに苦心して乗り越えるからこそ、子どもが育つのだし、支えている周囲の大人たちも感動し、逆に大人の方こそが励まされてしまうのだ。こうした学校づくり・授業づくり・地域づくりの実践を通して、「教育における主人公は誰なのか」「誰の願いに応えるのか」という理念・思想（主体形成論）と、そのための方途としての「見通し」の組織化の重要性を、教育の根本問題として確かめ合っていきたいと願うのである。

註

1）高橋英児によれば、「『スタンダード』化の動きは、2005年頃にはいくつかの学校で試みとして登場しており、2006年以降には、自治体の教育計画および生徒指導体制に組み込まれていったと推測できる」としている。高橋は、実践動向を雑誌記事としていち早く取り上げたのは『教育ジャーナル』（2009年2月号）であるとし、記事中で取り上げられている「大田区久原小学校スタンダード」や「横浜市立太田小学校スタンダード」が2005年の時点ですでに成立していたことに注目している。また、自治体レベルのスタンダード化の端緒として「宇都宮市学校教育スタンダード」（2006）を例示している（高橋英児「『スタンダード』化の背景を探る」全生研編集部『生活指導』第720号、高文研、2015年、14-20頁参照）。

2）例えば、前述の『教育ジャーナル』誌上において、渡辺研はスタンダードの例として『横浜版学習指導要領』などを取り上げながら、若い教師・学校の負担軽減や理想的な授業モデルを効果的に学べることなど、肯定的な側面を紹介している。また前述の「大田区久原小学校スタンダード」や「横浜市立太田小学校スタンダード」では、教師が迷わない、子どもが迷わない、子どもたちが落ち着くといった点が強調されている（渡辺研「『生きていく力』を育てる－社会性は学校でしか育てられない」学研教

育ジャーナル編集部『教育ジャーナル』（特集 がんばれ！公立校!!）2009年9月号、学研プラス、2009年、9-29頁参照）。
3）マカレンコ著、矢川徳光訳『マカレンコ全集』第6巻、明治図書、1965年、64頁。

（八木　秀文）

第3部

学習集団研究の最前線

第1章　臨床教育学からみた学習集団研究の課題

（庄井良信）

第2章　理科の授業における認識形成と集団指導

（大野栄三）

第1章

臨床教育学からみた学習集団研究の課題

1 臨床教育学のまなざし

⑴ 臨在する他者への応答責任

　いま、私たちは、学習集団論の研究者・実践者として、目の前の、具体的な、固有名のある子どもたちの人生（das Leben ／ life）そのものに責任をもって応答できているだろうか。この問いは、日常の授業研究に参画する際に、私が抱きつづけてきた臨床教育学的な問いの1つである。

　この問いは、1980年代初頭、ドレフェンステット（Drefenstedt, E.）らによって、社会的人格としての個性の理解とその促進（Individuelle Förderung）[1] というテーマで探究されていた。教育という文脈において、ある協働学習のなかで、一人ひとりの人格の個性が、尊厳を持って生きる（生かされる）とはどのようなことなのか、という問いは、現在のドイツにおいても、フィッシャー（Fischer, C.）らによって研究されている[2]。また、この問いは、ヴィゴツキーの研究潮流では、文化歴史的な舞台を生きる具体的人格の個性的で情動的な体験への関心という文脈でも探究されている[3]。

　もとより、私たちが日々出会っているのは、ある文化歴史的な舞台で、社会の諸矛盾に曝され、さまざまな擾乱のなかを懸命に生きている子どもたちである。しかも、その子どもたち一人ひとりは、その存在そのもの（being）として尊厳を持ち、私たちとは独立した他性（alterity）[4] として生きている。その複雑さゆえに、私たち大人にとって、個性を持って生きている子どもを、深く理解し、指導することは決して容易なことではない。

　かつて、ペスタロッチー（Pestalozzi, J. H.）は、18世紀後半から19世紀にかけて戦乱と急激な社会変動の荒波にもまれながら、小さな農業経営に失敗し、失意の内に一人息子であるヤーコブの育児日記を綴っていた。後に、ス

イスの新政府からの依頼で経営を引き受けたシュタンツの児童支援施設においても、ペスタロッチーは、戦乱や貧困で親を失い、やせ細って骸骨のようになり、顔は黄色く、ほほはこけ、苦悩に満ちた眼をもち、邪推と心配でしわくちゃになった額をもった多くの子どもたちと出会い、自ら深い情動を伴う体験を繰り返しながら、教育の新たな可能性を模索しつづけた[5]。

　ペスタロッチーが生きた時代においても、困難の絶えない教育という創造現場において、その社会の文化歴史的な舞台をしっかりと見据えながら、一人ひとりの子どもを臨床的に理解しつつ指導することは、困難をきわめる仕事であったに違いない。

(2) 他者の痛みに寄り添う身体

　私たちの目の前の子どもたちもまた個性を持って矛盾と擾乱を抱える社会状況に我が身を曝しながら、いま・ここ (here and now) で懸命に生きている。いま後期資本制社会の諸矛盾が顕在化し、世界的規模でも、ローカルな生活圏でも、貧困と格差が急速に拡がっている。日本では、教育の「私事化」が進み、すべての子どもが例外なく公的に教育を受ける権利を行使できる環境の格差（教育格差）の拡大も深刻である[6]。虐待や非道処遇による自尊感情や学習動機の著しい低下など、発達におけるさまざまな困難の背景に、こうした社会の諸矛盾があることも少なくない。たしかに比較的わずかな社会資源を活用すれば教育環境が急速に改善する子どもたちもいる。しかしその一方で、心的外傷体験が深く、解離を伴う過剰適応が慢性化しているために、多大な社会的資源を活用しても、教育的関係性が成立せず、子どもの教育環境が容易に改善しない場合も少なくない。

　いま、具体的人格として生きている個性を持った子どもたちは、このようなマクロな社会システムに棲み込み、それと向き合い、一人の人間としてそのシステムの発展を求めて社会参加し、そのなかで、自分らしく生きることの意味を希求している。一回性の共約不可能な人生の軌跡（ライフ・キャリア）をもつ子どもたちは、擾乱の多い社会生活のなかで、それぞれに固有な情動体験を繰り返し、自己の物語（self-narrative）を紡ぎながら懸命に生きているのである。このように子どものかけがえのない人生の痛みを感受しつつ寄り添い、その理解の枠組みを深め、私たちの教育的な指導や支援の在り方を

140 　学習集団研究の最前線

探究するのが、臨床教育学のまなざしである[7]。

　本稿では、改めて臨床教育学の始源を振り返り、学習集団論の淵源を辿り直し、その上で、今日における学習集団研究の新たな可能性を探りたい。

2　臨床教育学の始源

(1)　臨床教育学の生成

　1980年代後半、臨床教育学の萌芽期には、3つの流れがあった。1つは、京都大学のように、教育人間学と臨床心理学との境界領域から生まれる新たな研究領域の探索である。それは、いま臨床教育人間学や臨床心理学の教育学領域への応用として展開している。2つ目は、武庫川女子大学のように、教育学と心理学と福祉学との協働から、総合的な援助学を構想しようとする流れである。現在それはコミュニティ・ベースの教育実践論や、養護教諭実践、特別支援教育実践、看護教育実践の臨床的研究として展開している。3つ目は、北海道大学のように、発達教育学（子どもや若者の人間発達援助論）を継承しつつ、福祉教育論の視座をもって多職種協働の人間発達援助論を構想しようとする流れである。いま、この流れは、臨床人類学のナラティブ・アプローチ[8]を参照枠とした他者理解論や、批判的教育学を志向した地域臨床教育論として展開している。

　2011年に日本臨床教育学会が設立された。その前後には、都留文科大学のように教育思想、心理臨床、特別支援教育との協働で、子ども理解を機軸にした教育実践・教育思想の問い直しを発展させようとする潮流も生まれていた。そこでは、クランディニン（Clandinin, D. J.）らが展開するナラティブ・インクワイアリー[9]の国際的な研究も深められた。また、北海道教育大学のように、人文・社会科学における「臨床の哲学」を探究しながら生徒指導論、学習指導論、授業研究論を問い直し、困難の絶えない教育現場においてリアルな課題意識を持った現職教師をリサーチベースで支援する機軸を創ろうとしている潮流も生まれている。ここでは、ハッカライネン（Hakkarainen, P.）らと共に、ナラティブ・ラーニング[10]の研究も進められている。全国では、総合的な人間発達援助学として臨床教育学の哲学や基礎理論を、ワロン（Wallon, H.）、ヴィゴツキー（Vygotsky, L. S.）、メルロ＝ポンティ（Merleau-Ponty,

M.）などの古典を手がかりに再構築しようとする研究の動きもある。また、メイヤロフ（Mayeroff, M.）やノディングス（Noddings, N.）などのケアの思想から、臨床的な教育学を問い直そうという研究も進められている。

臨床教育学の研究活動に参加しているのは、学校教育現場の教員（養護教諭を含む）をはじめ、スクールカウンセラー（SC）、スクールソーシャルワーカー（SSW）、児童クラブや学童保育の指導員、学習支援や若者支援などの地域発達援助職、さらには、医療専門職、看護師、保育士、法務教官、地域図書館司書など、多様な専門性を持ちながら、総合的な発達援助職として自らの専門性を問いなおしている人びとである。臨床教育学研究には、教育職、心理専門職、福祉専門職等の援助職養成の現場で、研究と教育に従事している大学教員も数多く参加している。そのなかには、教育人間学の研究者、生活指導・生徒指導の研究者、教育相談・心理相談の研究者、そして授業（学習集団）の研究者もいる。

(2)　臨床教育学の問い

今日、日本の臨床教育学は、多様性を孕みながらも、臨床の哲学をもって、生存と発達の危機を生きる人びとの理解を深める総合的な人間発達援助学として歩みはじめている。教育人間学としては、弱さ、儚さ、病い、障がい、受苦など、人間が社会においてそれらを引き受けながら生きることの意味を問い直し、教育、治療、相談、ケアなどを哲学的に考察する研究が生まれている。また、教育方法学の領域では、一回性の出来事やエピソードの記録とその省察にもとづく臨床研究と、そこから教育思想そのものを問い直す基礎研究も生まれ始めている。

臨床教育学では、その草創期から、目的としての臨床という問いと、方法としての臨床という問いが不可分の統一体として議論されてきた[11]。ここでいう目的としての臨床とは、この学問が「臨床」というタームで希求している価値（ethos）とは何か、という倫理的位相である。それは臨床教育学は、誰のために何を探究し、どのような歴史の舞台で、どのような社会的価値を探究しているのか、という問いである。それに対して、方法としての臨床とは、この学問領域に固有な方法意識に関する位相である。それは一人ひとりの尊厳ある人生そのものに伴走し、ケアを含む総合的な人間発達援助の実践

を探究するために、学術研究としてどのような方法が必要なのか、あるいは、どのような方法を開拓していくべきなのか、という研究方法の在り方に関する問いである。

3 学習集団論の淵源

(1) 社会的教育学（Sozialpädagogik）の序曲

　次に、臨床教育学の視座から、学習集団研究の淵源を辿り直してみたい。学習集団論は、日本の教育界のどのような歴史的舞台で、どのような社会的役割を担って生まれたのだろうか。学習集団が論じられ始められた1950年代から60年代の日本の子どもや保護者の生活は、どのような状況だったのであろうか。戦後間もないこの時代に、日本の教育学研究の広がりと深まりのなかで、学習集団論という研究分野が、なぜ生まれ、その後、急速に展開していったのであろうか。

　1950年代から60年代の日本には、まさに子どもの生存と生命の危機に直結しかねない貧困の問題があった。複雑な家庭状況で、学校に行きたくても行けない子どもたちがいた。たとえ学校に行けたとしても、わからないこと、できないことが、そのまま放置され、しだいに人間らしい表情を喪失していく子どもたちもいた。家庭でも、学校でも、地域でも、寄る辺のない経験を繰り返し、やるせない思いと共にパワーレスな状態に曝されつづける子どもたちも少なくなかった。

　戦後まもないこの時代に、広島大学で教鞭を執り、ペスタロッチー研究の神髄を深く身体化していた吉本均博士らが構想した学習集団論は、このような社会状況のもとで構想されたことを忘れてはならない[12]。草創期の学習集団研究は、戦禍とその深い傷跡が絶えない社会のなかで、あるいは、農村の村落共同体が崩壊しつつあった変動の激しい社会状況のなかで、過酷な生活を強いられた「あの子」や「この子」の生活に胸を痛めつづけた教師と大学の研究者たちとの共同作業から始まった。

　そうだとすれば、学習集団研究とその運動は、想像を絶する擾乱のなかを懸命に生きようとした子どもたちが、学校というもう一つの生活と学習の場で、生き直し、学び直すことができるような教育環境づくりとして始まった

ということもできる。このように過酷な家庭環境で生きざるをえない子どもたちを、学校や地域という教育的環境で守り、その教育を受ける権利をすべての子どもに遍く保障しようと奮闘した人びとの記録は、戦後の日本の教育実践史に深く刻まれなければならない。それは、今日の臨床教育学の研究でいえば、福祉と教育との統一を志向するドイツの社会的教育学[13]と問題関心を共有している。その意味で、草創期の学習集団論は、戦後復興した生活綴方教育論と共に、日本における社会福祉教育学の1つの重要な序曲であったということもできる。

(2) 理論と実践の往還

1970年代後半以降の学習集団論の展開期には、理論と実践との構成的統合が希求されていた。もとより、教育学における理論と実践との関係性という問いは、安易な解答を許さない複雑な問いである。「理論を実践で検証する」とか、「実践を理論として一般化する」という言説が、しばしば教育の現場で語られるが、いずれも極めて難しい問いである。この問いに責任を持って応答し、教育の歴史や哲学を深めつつ探究しつづけたのが学習集団の研究グループであった。

1980年代に「辞書とテレコの間」という命題で、自らの研究活動を深めつづけた学習集団研究の開拓者たちの足跡から、今なお学ぶことが多いのは、その学問的探究が、教育方法学として、ある普遍的な問いへの挑戦であったからではないだろうか。実際、「辞書」(学問の基礎研究) と「テレコ」(実践の臨床研究) との「間」には、短絡を許さない弁証法的な媒介項が幾重にも存在している。理論を実践で例証することも、実践を理論で説明することも、それほど容易なことではないし、あってはならない。そうであるからこそ、その両者を媒介する学問としての教育方法学が必要となった。そしてこの学問が、学校において、子どもにとってもっとも日常的な生活の場でもあり、学習の場でもあった「学級」という組織に焦点化されながら、学習集団論が構想されていった[14]。

一般に、教育において理論と実践を媒介するためには、2つの大きな機軸が必要である。1つは、陶冶論的統合である。もう1つは、訓育論的統合である。両者は、教育方法学を構成する2つの基本的な機軸である。教育方法

学は、メタ理論としても、この2つの機軸を、具体的な教育実践において再統合する学問でなければならないし、教育学の独立した一領域として一般化可能な理論や概念を構想しうるものでなければならない。言い換えれば、教育方法学は、臨床的リアリティをもって、「現場の言葉」で迫真性をもって語り合えるような学問でなければならないし、「研究の言葉」で深遠性をもって教育学的な思慮を深め合えるような学問でなければならない。

1980年代の学習集団の研究者たち（実践者を含む）は、この2つの機軸のいずれかに軸足を置きながら、緊張感を持って新しい学問としての教育方法学と学習集団論の構想に邁進していたのである[15]。

4 学習集団論の展開

(1) エピソード記録の探索

1970年代から80年代前半にかけて、陶冶論的な統合は、文化志向（教科内容研究志向）の強い統合であった。そこでは、教えるべき教科（あるいは教科領域を横断する総合的な文化）の専門性が、臨床的な教育実践の創造とどう結びつくのかが絶えず問われていた。教科の専門（あるは総合文化の専門）を背景に持つ研究者が、教育実践へのかかわりを深め、教科教育学的な学習集団論を探究していた。一方、訓育論的な統合の機軸では、子どもの生活に関する深い理解に基づく指導、自治的集団の発展と深く結びついた人格発達の指導、という問題関心をもった研究者たちが、生活綴方教育の研究、集団づくりを基礎とする生活指導研究を深め合いながら、訓育論的な学習指導論を探究していた。いずれの場合も、具体的な実践の事例やエピソードの記録にもとづいて、それぞれの教育実践に潜在している教育方法学的な思想と技術（アート）を明らかにする厳しい努力が重ねられていた。それは、ある意味では、教育という創造現場における臨床的な研究方法論の探究でもあったと言えるかもしれない。

この時代、理論と実践との関係性では、相対的に理論の主導性が強調される傾向も見られた。1980年代前半まで、実践の現場において、教育は科学だと語られるとき、その科学は、多くの場合、理論として一般化（抽象化）され、実践者が、だれでも、どのような状況でも活用しうる理論のようにイメージ

されることが多かった。1990年代になると、このようなモダニズムを批判する
るポストモダンの潮流が激しくなり、教育における「実践知」そのものの在
り方も厳しく問いなおされた。そのなかで教育における「臨床知」の可能性
を探る動きが生まれた。一回性の具体的現実や、当事者の経験などから、既
存の理論や実践が、根源的に問いなおされていったのもこの時期である。そ
こにおいてもエピソードの記録は、教育学的に重要な意味を持つものとして
再評価されていった[16]。

　以上のように、日本における学習集団論は、人権教育、生活綴方教育、集
団づくり教育などを背景にした授業研究として展開してきた。そこでは、教
育を受ける権利の1つである学習権の保障論、発達保障論の1つである学力
保障論、学習する集団そのものの民主的組織論（自治的集団論）、批判的教育
学におけるエンパワーメント論を背景にした生活主体の形成論などが、豊か
に展開された。これらの思想は、いま、ナラティブ・アプローチという接点
で、臨床教育学と繋がっている。

(2)　学習集団という舞台芸術論（scenography）

　いま、臨床教育学では、固有名の子どもの情動体験に着目しながら、授業
における教師の物語と子どもの物語との相互構築に焦点をあてる試みが始
まっている。

　その1つがナラティブ・ラーニングである。ハッカライネン（Hakkarainen,
P.）らが構想するナラティブ・ラーニングは、ある物語生成的な環境におい
て、ある情動体験を共有する者どうしが、虚構場面を伴うプレイワールド（遊
び＝演劇の世界）で、新たな意味を創造し合う活動である[17]。

　この物語生成的な環境において、大人は、ある文化の探索と創造のプロッ
トに触れて、他者（子ども）の物語を傾聴しつつ自己（大人）の物語を紡ぐ。
その際、大人に求められているのは、ある虚構の演劇空間を演出しつつ意味
創造活動に参加し、その演出活動全体を俯瞰して自己の教育活動を協働で省
察することである。

　虚構場面を伴う遊びや演劇の世界では、子どもの情動や自己物語（self-
narrative）が、多様な様態で表出・表現されることが多い。ときに戸惑い、
ときに驚くほどに躍動する「大人と子どもどうしの遊び合い」（joint-play）

において、教師が、いかに優れた演出者として我が身を関与させうるかという問いが臨床的な指導論として探究されているのである。

教師による子どもへのさまざまな働きかけ（指導）を含む教育環境の影響は、子どもの固有の主観的体験によってプリズムのように媒介されている。また、教師による刻々の指導過程でも、教師の働きかけは、それに呼応して生起する〈教師と子ども〉の関係性や、〈子どもと子ども〉の関係性という学び合いの「舞台」で刻々に生じる子どもの主観的体験によって多種多彩に媒介されている。このような演劇的空間で個性的な物語（ナラティブ）が交錯する舞台芸術論[18]とその演出論の探究も、学習集団論の新たな可能性を切り拓いてくれるのではないだろうか。

註

1) Drefenstedt, E.: *Individuelle Besonderheiten - individuelle Förderung.* Volk und Wissen Volkseigener Verlag, Berlin, 1981.
2) Fischer, C.: *Individuelle Förderung als schulische Herausforderung.* Friedrich-Ebert-Stiftung, 2014.
3) Fleer, M./ González Rey, F./ Veresov, N.（Eds.）: *Perezhivanie, emotions and subjectivity: Advancing Vygotsky's legacy.* Springer, 2017. ここでいう情動体験は、自己の身体と他者の身体との（情動を伴う）響き合いから、あるイメージが相互に探索され、それに伴って（言語や記号などの）表象が誘発される一連のプロセスへの契機でもある。
4) Levinas, E.: *Alterity and transcendence,* Translated by M. Smith, NY: Columbia University Press, 2000.
5) ペスタロッチー著、長田新（訳）『隠者の夕暮・シュタンツだより』岩波書店［改版］1982年。
6) 内田伸子・浜野隆編『世界の子育て格差－子どもの貧困は超えられるか』金子書房、2012年。
7) 庄井良信『いのちのケアと育み－臨床教育学のまなざし』かもがわ出版、2014年。
8) クラインマン，A.（著）、江口重幸・上野豪志・五木田紳（訳）『病いの語り－慢性の病いをめぐる臨床人類学』誠信書房、1996年。
9) Clandinin, D. J.（Ed.）: *Handbook of narrative inquiry: Mapping a methodology.* Thousand Oaks, California: Sage, 2006. ナラティブ・インクワイアリーに関する翻訳としては、クランディニン，D. J.・ヒューバー，J. 他著，田中昌弥訳『子どもと教師が紡ぐ多様なアイデンティティ－カナダの小学生が語るナラティブの世界』明石書店、2011年を参照。
10) Hakkarainen, P./ Bredikyte, M./ Safalov, I.: Pretended play and child development.

In T. Bruce/ P. Hakkarainen/ M. Bredikyte（Eds.）.: *The Routledge international handbook of early childhood play*, Routledge, 2017. 庄井良信「ナラティブ・ラーニングの概念と研究デザイン－生成的実験法（genetic experiment）の臨床的拡張を求めて」日本臨床教育学会『臨床教育学研究』創刊特別号、2011年、58-69頁。

11）庄井良信「臨床教育学の〈細胞運動〉－ネオモダン・パラダイムから教育の臨床知への軌跡」日本教育学会編『教育學研究』69(4)、2002年、2-11頁。

12）吉本均『教室の人間学－「教える」ことの知と技術』明治図書、1994年。

13）Jaszus, R./ Büchin-Wilhelm, I./ Mäder-Berg, M./ Gutmann, W.: *Sozialpädagogische Lernfelder für Erzieherinnen Gebundene Ausgabe*. Handwerk und Technik, 2014. Sozialpädagogikについては、吉岡真佐樹「教育福祉専門職の養成と教育学教育－ドイツにおける教育福祉専門職養成制度の発展と現状」日本教育学会『教育学研究』74(2)、2007年、226-239頁、参照。

14）吉本均『学級で教えるということ』明治図書、1979年。

15）深澤広明・吉田成章（責任編集）『学習集団研究の現在Vol.1　いま求められる授業づくりの転換』溪水社、2016年。

16）宮原順寛「現象学的教育学におけるエピソード記述による思慮深さの養成」北海道教育大学大学院教育学研究科学校臨床心理専攻『学校臨床心理学研究』第11号、2014年、43-58頁。

17）Hakkarainen, P./ Bredikyte, M.: The zone of proximal development in play and learning. In, *Cultural-Historical Psychology. no. 4*, 2008, 2-11.

18）ブルック，P.（著）、高橋康也・喜志哲雄（訳）『なにもない空間』晶文社、1971年。一般に、セノグラフィ（scenography）とは、舞台芸術論と訳されているが、演劇論では、舞台と客席からなる演劇空間を構成する関係性の総体を意味している。

（庄井　良信）

148　学習集団研究の最前線

第2章
理科の授業における認識形成と集団指導

　教育作用は人格の形成と知識・技能の形成という二つの側面をもつ。そして、どちらの側面でも集団指導（集団を通じて行われる指導）は重要な役割を果たしている。教科を理科に限ったとしても、集団指導に関わる国内外の研究の前線は長大であり、前線のすべての現状を論じることは筆者の能力を超えている。そこで以下では、理科教育における知識・技能の形成の側面から、授業形態のひとつとしての集団指導に直目して、理科の教授法についての研究動向を解説する。紙幅の都合で具体的な教育内容や教材には触れない。また、内容は筆者の研究上の関心によって偏っている。ご容赦願いたい。

　戦後日本の理科教育において、知識・技能の形成に有効で、かつ集団指導を含む教授法として注目すべきは、板倉聖宣の仮説実験授業と玉田泰太郎の教授法である。現在でも、両者を検討することは、効果的な教授法を探究する最前線だと筆者は考えている[1]。第1節では、仮説実験授業における討論と玉田の教授法におけるノートを使った指導について、集団指導の観点から考察する。次に、1970年代に登場した構成主義の理科教育について、仮説実験授業や玉田の教授法と比較しながら、実験活動の位置付けや集団指導について論じる。第3節では、子どもの心的過程としての認識形成や概念変容が未解明であることを述べ、それゆえに集団指導のさらなる研究が必要であるという筆者の考えを述べる。

1　仮説実験授業と玉田の教授法 —— 討論とノート ——

　板倉聖宣は科学史や科学哲学の研究成果を基に科学的認識の成立過程について考察し、「自らの予想、仮説をもって対象に問いかけてその答えをひきだしたときにのみ科学的認識は成立する」[2]という考え方を、理科授業を構

想する際の基礎に据えた。板倉は、それまでの理科授業は、教師が数少ない実験事実を子どもに見せた後、教科書に書かれていることを子どもにおしつけているだけだと批判した。そして、子どもの中で科学的認識が成立するためには、実験活動が、「自然認識を目標として、自然と自分を制御して、自然に問いかける意識的主体的な活動」[3]でなければならないと述べた。それを授業の中で具体化した教授法が仮説実験授業である。

　仮説実験授業では、まずひとつの実験が、その結果を予想する選択肢とともに問題として子どもに提示される。子どもにとって、理科の実験事実の解釈は一義的に決まるわけではない。板倉は、子どもは未知のことがらに対して素朴で常識的な考え方をもっており、それはあまり論理的なものではなく、場合によって変化する流動的なものだと考えた。そして、教師が実験事実を盾にして教科書の結論を子どもにおしつけても、子どもは納得できず、自信をなくしてしまうだけだと論じた[4]。仮説実験授業では、選択肢をひとつ選ぶことで、その子なりの予想をもつことから学習が始まる。これは、他人の選択肢が自分とは異なることを知るという集団指導の始まりでもある。子どもが選択肢を選んだ後に討論が行われる。討論がうまく展開したときには、他人の考えを知り、自分の考えを発言し、異なる意見をもつ相手を説得することへとつながっていく。討論の後で、子どもは自分の予想を立て直す。そして、実験結果を確認し、それまでの討論に決着をつける[5]。

　仮説実験授業における討論は、知識・技能の形成や知的好奇心を高める効果[6]だけをねらった集団指導ではない。板倉が述べる科学的認識の形成には、科学が社会的いとなみであることを子どもに経験させることが含まれている。言いかえれば、真正（authentic）の科学的活動を理科授業に取り入れることが意図されている。そして、討論はそのために必要な集団指導なのである。仮説実験授業の基礎には、「科学というものは社会的な存在であって、科学的認識というものは社会の中で行われるもの」であり、「科学は民主主義のあるところ、自分の発見を他の人々にも知らせたいという人間的な要求、人間的な連帯感のあるところ」にしか生まれないという科学観がある。そのため、理科の授業では、「民主主義的な授業運営を行い、クラスの連帯を育てる」ことが必要であり、「個人的な学習法では、論理や実験というもののもつ本当の意義を体得させることは困難」であるとされる[7]。

150 学習集団研究の最前線

　仮説実験授業では授業書に従って授業が進行するが、授業書通りに進めれ
ば、いつでも討論、つまり集団指導がうまく行くわけではない。正解がわか
らないので選択肢を選ぶことができない、なんとなく選択しただけで自分の
考えなどないといった子どもはいる。討論で誰も発言しないことが続く場合
もある。このような集団指導の問題を克服しようとするのが、子どものノー
ト作成を重視する玉田泰太郎の教授法である[8]。

　玉田の教授法では、教師が具体的な問題[9]を子どもに提示する。仮説実験
授業とは異なり、問題の形式が選択形式であるとは限らない。さらに、「こ
の気体が二酸化炭素か、それとも別の気体かは、どうすればたしかめられま
すか」「あわを集める方法を考えてみましょう」「空気 1 ℓ の重さはどれくら
いか。どうしたらはかれますか」のように実験方法を考えさせる問題もある。
子どもは何が課題かを把握し、自分の考えをノートに書く。その後で、教師
はそれを子どもに発表させて討論を始める。そして他人の意見を聞いてノー
トに書く。実験を行い、討論に決着をつけ、子どもは実験の結果わかったこ
とをノートに書くという具合に 1 時間の授業が進む。ノートに書かれた記述
は、討論など授業のさまざまな場面で活用され、集団で共有される。

　仮説実験授業における討論では、人格を傷つける発言があった、声が小さ
くて聞こえないなど特別な場合以外は、教師は子どもの討論に介入しない。
つまり討論では、子ども同士の相互作用（peer interaction）による学びが展
開すると期待されている。対照的に、玉田の教授法では、教師は子どものノー
トの記述も参考に、少数意見の子どもや迷っている子どもを指名して発言回
数を増やし、討論で発言しなかった子どもの声を引き出す努力をする。集団
指導における教師の役割が仮説実験授業とは異なっている。

2　構成主義の理科教育 ── 実験の位置付けと集団指導 ──

　仮説実験授業が提唱されてからおよそ10年後、1970年代に構成主義の理科
教育研究が登場した。それ以後、子どもの概念変容（conceptual change）が
理科教育研究の中心課題になったと言ってよいだろう。

　ドライバー（Driver, R.）は、子どもは自然現象について独自の考えをもっ
ており、それが学習に影響を及ぼすことを論じた[10]。子どもがもつ独自の考

えや誤解（misconception）[11]は、板倉の述べる素朴であまり論理的ではなく、流動的な子どもの考え方であるといってよい。構成主義の理科教育研究が台頭し、理科の授業で教師が達成しなければならない目標は、「教師が科学知識を子どもに理解させて、子どもの誤解を科学知識の適切な理解へと変容させる」ことから、「子どもが、自分がもつ独自の考えや誤解を、教師の支援を受けて科学知識の適切な理解へと（自分で）変容させる」ことに変わった。構成主義の理科教育研究もそれ以前の教授法も、子どもが科学知識を適切に理解している状態に到ることが目標ではある。しかし、概念変容の過程で教師が果たす役割は大きく異なる。この違いは集団指導に何をもたらすのか。

　構成主義の理科教育では、学習とは、子どもが自分の考えや誤解を再構成し、能動的に新しい意味を構成していく活動である。子どもの独自の考えや誤解に注目し、子どもが自分で構成することを重視するからといって、構成主義の理科教育は、子どもを有能だが孤独な探究者に育てたいわけではない。ひとつの例として、1980年代にドライバーたちが提案した授業展開を見てみよう。①オリエンテーションとして目標の理解や動機付けを行う、②子どもの考えを引き出すために、ポスターなどを作成して各自の考えを発表させ討論を行う、③討論を通して他人の見方や考えとの違いや矛盾点を明確にしていくとともに、自分の考えや他人の考えを評価する実験手法を考え、その結果に基づいて自分の考えをあらためて構成する、④構成された考えをいろいろな状況に応用してみる、⑤自分の考えがどのように変化したかをふりかえるという５段階である[12]。③や④の段階で、集団指導が行われる。

　構成主義の理科教育では、実験結果が自分のもつ考えや誤解とは矛盾する状況に直面することが、子どもの概念変容の駆動力になるとされている。仮説実験授業や玉田の教授法でも、そのような状況に子どもを直面させる問題が最初に設定されている。確かに、矛盾は学習の動機付けになるのだが、それだけでいっきに概念変容が始まるわけではない。集団の中で矛盾に直面した子どもが、自分の間違いや他者の考えとの違いを気に病む場合は、自己を否定し自信を喪失してしまうことになりかねない。子どもの学ぶ姿勢や教室の雰囲気づくりなど、どのような集団指導を行うのかが重要である。

　構成主義の理科教育研究では、矛盾に直面した子どもが認識を構成する過程が、ピアジェ（Piaget, J.）心理学の同化（assimilation）、調節（accommodation）

といった用語を使って議論されることがある。一方で、子どもが構成を完遂するには、上述の③や④の社会的相互作用（social interaction）を経験する必要があるとして、ヴィゴツキー（Vygotskiǐ, L.S.）心理学の内化（internalization）という用語が登場することもある。構成主義の理科教育研究は一枚岩ではない[13]。その心理学的、認識論的立ち位置は、ピアジェとヴィゴツキーを両端とするスペクトルの他にも、グレーザーズフェルド（Glasersfeld, E.）の急進的個人構成主義[14]とガーゲン（Gergen, K.J.）の社会構成主義[15]を両端とするスペクトルで表すこともできるだろう。これらスペクトル上の立ち位置によって集団指導のあり方は変わる。

　仮説実験授業や玉田の教授法では、実験は教育内容をふまえた教材として検討され、子どもが取り組む問題として提示される[16]。一方、先に紹介した構成主義の理科授業の展開例では、自分の考えを検証するための方法として子どもが集団で実験を考えている。そのため、それを念頭においた集団指導が行われることになる。少々荒っぽいが、構成主義の理科授業が国内に広がった当時の失敗を考える上では意味のある対比だろう。グループにわかれて子どもが実験を考案する集団指導が教室で展開された。「教えるな、支援しろ」（子どもが実験を考案するのを邪魔せず、適切な助言だけを行うべきだ）という教師の主張を筆者は耳にしたことがある。グループからあれこれアイデアが出ていても、それらを総合して適切な実験を提案できずに時間切れとなってしまい、教師がまとめを黒板に慌てて書くような理科授業や、条件や器具がしっかりと吟味されないままの中途半端な実験に授業時間を空費してしまい、曖昧な結果しか得られない理科授業が各地で問題となった。生活単元・問題解決学習時代に起きた集団指導の失敗[17]を繰り返していると批判されもした。そうした中、「ゆとり教育」に起因する学力低下論争が始まり、「教えるな、支援しろ」という主張は学校現場から消えていった。それとともに、構成主義の理科教育についての議論も学校現場では下火になったと思う[18]。

3　概念変容研究と集団指導研究

　構成主義の理科教育は、日本では、子どもが知識を構成できる授業を実現するための手段（授業形態）として広がったのであって、教師の認識論上の

理科の授業における認識形成と集団指導　153

立場が構成主義と離齬しているかどうかは不問に付されていたと思う。「どのような指導であれ、結局、子どもは自分の考えを再構成し（見直し）、新しい知識を構成する（理解する、納得する）のだ」という具合に、「構成」という言葉を広い意味で使えば、教師が一方的に話してばかりの授業であっても子どもは構成していることになる。このような了解であれば、子どもが構成するのは当然のことである。「構成」を広い意味で了解しておき、自分の認識論的立場はグレーザーズフェルドとガーゲンの丁度真ん中あたりだと差し当たりお茶を濁しておけば、構成主義の授業形態を使う上で支障はないだろう。教師のもつ認識論が問題となるのは、担当する授業のために教育内容や教材を選択し具体化するときだが、検定教科書や上から与えられた教材で授業を行うのであれば何とかなるだろう。

　人間の認識形成は多様であり、その全貌を完璧に説明できる理論を私たちは手にしていない。ある特定の狭い認識形成の考え方に固執していては、すべての授業を効果的に実践するのは難しいと筆者は考えている。教師がもつ認識形成についての考えが、教育内容の質的違いに応じて適宜変わることは悪いわけではない[19]。しかしながら、ある教授法の考案者がもつ認識形成についての考えと、その教授法を実践する教師がもつ認識形成についての考えとの間に大きな離齬がある、矛盾があるというのは困る。辻褄が合わない。構成主義の理科教育を実践するときは言うまでもなく、仮説実験授業や玉田の教授法においても、「構成」とのいい加減な付き合いかたはできない。

　「構成」としっかり向き合うには、理科授業で子どもが行う「構成」という行為を明らかにする必要がある。そのためには、子どもの心の中で起きる概念変容とは何かを解明しなければならない[20]。子どもがもつ独自の考えはある程度の一貫性（coherence）をもっており、これが一貫性をもった科学知識のネットワークに置き換わるのが概念変容なのか。それとも、子どもは物理的世界で起きている現象についての表面的な解釈（phenomenological primitives、p-prim）[21]を多数もっており、それらに一貫性はなく、断片化した解釈が科学知識へと適切に組み込まれていく変化の過程が概念変容なのか。実際のところ、いずれかに決着してはおらず議論は続いている。将来、第三の学説が登場するかもしれない。

　このように、子どもの概念変容や子ども個人の認識形成の詳細（心的過程）

は未だに解明できていない。だからこそ観測できない心的過程ではなく、理科授業における集団指導で観測される教師と子どもの具体的活動に着目しなければならないという考え方が登場する。

独り言も含めて、教師と子どもの言葉によって構成されるコミュニケーションの形態が授業での談話（discourse）である。集団指導の研究では、授業での談話を何らかの手法で解釈していくことになる。たとえば、理科授業における討論を"argumentation"と捉え、トゥールミン・パターン（Toulmin's pattern）を使って談話分析を行う研究がある[22]。授業を通じて、子どもがある事実をあげて自分の主張を述べているだけの状況から、ある事実から自分の主張を導出できる根拠は何か、その導出はどれほど確からしいか、予想される反駁は何かなどに言及していけるまでに変化しているかを観察するのである。トゥールミン・パターンではなく、ウォルトン（Walton, D.）の非形式論理（informal logic）[23]を使った研究もある。

子どもの概念使用や推論を、心的過程として考察するのではなく、具体的な言葉の使用を分析することによって解明しようと試みる研究もある。たとえば、レムケ（Lemke, J.L.）は、子どもが他者へ説明するために話した言葉や書いたものを観察し、それらを記号論的ダイアグラム（thematic pattern diagram）で表現することによって子どもの概念使用を考察している[24]。日本では、授業記録を中間項と呼ばれる記号体系を使って分析する研究や[25]、談話表示理論のダイアグラムで表現しようとする試みなどがある[26]。子どもが意思伝達のために使う言葉、身体の動き、描いた説明図など、教室でのコミュニケーションの多様なモダリティ（multimodality）を分析対象にし、それらの変化から、概念変容を推測する研究も展開されている[27]。たとえば、玉田の教授法を研究する場合、授業分析のためには子どもの発した言葉とノートの記述の両方を検討する必要があり、複数のモダリティを利用した研究となる。

集団指導の研究はどこまで個人の（つまり、心的過程としての）概念変容に迫れるだろうか。集団指導研究の最前線では、授業の談話をはじめとして、さまざまな出来事を記号化して解析する試みが続けられている。その向こうには、きわめて効果的な個人指導の解明が待っているのではないか。さらに、集団指導研究の記号化はAI（人工知能）の導入につながる。AIは教師の代わ

りにはならないが、教師の仕事を大きく変えてしまうだろう。AIの助けで、子ども一人ひとりの心的過程に寄り添ったきめ細かい教育課程や教材が開発できるのではないか。理科教育における知識・技能の形成という側面から考えたとき、集団指導研究の重要性はそこにあると筆者は思っている。

註

1）仮説実験授業や玉田の教授法の影響は大きく、これら教授法を批判する論の根底に、板倉と玉田の授業観や子ども観が存在していると思う。ワクチンの中に駆除する対象であるはずのウィルスが潜んでいるようなものである。

2）板倉聖宣、上廻昭『仮説実験授業入門』明治図書、1965年。

3）同上書、23頁。

4）同上書、25頁。

5）近年、米国の大学教育で行われるようになった教授法の一つにpeer instructionがある。その授業展開は、「問題提示→予想→討論→予想→解答を示して説明」となっており、実験で決着をつけてはいないが、仮説実験授業と似ている。Mazur, E.: *Peer Instruction: A User's Manual*. Upper Saddle River, N.J.: Prentice Hall, 1997.

6）波多野誼余夫、稲垣佳世子『知的好奇心』中央公論社、1973年。

7）文献2）、29-30頁。

8）「理科の授業づくり入門」編集委員会『理科の授業づくり入門：玉田泰太郎の研究・実践の成果に学ぶ』日本標準、2008年。

9）玉田の教授法は「到達目標・学習課題方式」とも呼ばれている。玉田の教授法では、「問題」は「課題」と呼ばれるが、本稿では、「問題」で統一した。

10) Driver, R.: *The Pupil as Scientist?* Milton Keynes, UK: Open University Press, 1983。

11）"misconception"が「誤概念」と訳されていることがある。「誤概念」が科学とは矛盾する誤った概念という意味なら、対応する英語は"wrong concept"であろう。"misconception"は、誤った概念というよりも、誤った思考、観念、構想である。

12) Driver, R./Oldham, V.: A Constructivist Approach to Curriculum Development in Science. *Studies in Science Education 13*, 1986, pp. 105-122. この5段階の授業形態は今では古典的と評されることもあり、さまざまな変形が提案されている。

13) Phillips, D.C.: The Good, the Bad, and the Ugly: The Many Faces of Constructivism. *The Educational Researcher, 24*(7), 1995, pp. 5-12.

14）グレーザーズフェルドの急進的個人構成主義では、知識は個人が能動的に構成する外界の解釈であり、それを教師が子どもへと強制的に伝達することは不可能であるとされる。グレーザーズフェルド, E.『ラディカル構成主義』NTT出版、2010年。

15）ガーゲンの社会構成主義では、知識は言語による社会の相互作用によって構成される。この認識論に立てば、教室内の教師と子どものやり取りは社会文化的問題（sociocultural issues）となる。ガーゲン, K.J.『社会構成主義の理論と実践：関係性が現実をつくる』ナカニシヤ出版、2004年。

16) 玉田の教授法では、実験方法を考える問題も設定されている。それは、子どもに手の とどくものであることが十分に検討された上で、一連の問題の中に位置付けられる。

17) たとえば、問題解決にならない問題解決学習の例が次の文献にある。小林実「再び問 題解決学習について」田中実編『新しい理科教室』新評論、1956年、70-98頁。

18) 筆者は「教えるな、支援しろ」という主張には反対だが、日本の理科授業において、 構成するという行為とは何かが十分に解明されずに終わり、産湯と一緒に赤子を流し たのかもしれないと思っている。

19) 筆者は理科の授業でグレーザーズフェルドの認識論を採用するつもりはないが、イン ターネット検索のみで疑問を解決しようと試みている子どもの認識過程は、急進的個 人構成主義でうまく説明できるだろうと思う。

20) Vosniadou, S. ed.: *International Handbook of Research on Conceptual Change.* New York: Routledge, 2013.

21) diSessa, A.: Towards an epistemology of physics. *Cognition and Instruction, 10*(2/3), 1993, pp.105-224.

22) Erduran, S.: Jiménez-Aleixandra, M.P. : *Argumentation in science education: perspectives from classroom-based research.* Dordrecht : Springer, 2008.

23) Walton, D.: *Informal Logic: A Pragmatic Approach.* New York: Cambridge Univ. Press, [2]2008.

24) Lemke, J.L. : *Talking science : language, learning, and values.* Norwood, N.J.: Ablex Pub. Corp., 1990.

25) 日比裕、的場正美、飯島薫、石川英志、平山勉、柴田好章「児童発言の中間項への転 換」『名古屋大学教育学部紀要－教育科学－』39(2)、1993年、127-156頁。

26) 大野栄三「授業における談話の分析枠組み：動的意味論を使った解釈の試み」『北海 道大学大学院教育学研究院紀要』115、2012年、57-69頁。

27) Kress, G., Jewitt, C., Ogborn, J. and Tsatsarelis, C.: *Multimodal teaching and learning : the rhetorics of the science classroom.* London: Continuum, 2001.

本報告は科研費（26350180）の助成を受けたものである。

（大野　栄三）

学習集団づくりが描く「学びの地図」
—— 結びにかえて ——

　本書『学習集団研究の現在Vol.2　学習集団づくりが描く「学びの地図」』のタイトルに掲げられている「学びの地図」は、2017年3月に告示された幼稚園教育要領・小学校学習指導要領・中学校学習指導要領に先だって2016年12月21日に出された中央教育審議会答申「幼稚園、小学校、中学校、高等学校及び特別支援学校の学習指導要領等の改善及び必要な方策等について」の中のキーワードの一つである。周知の通り同答申においては、「社会に開かれた教育課程」・「カリキュラム・マネジメント」・「主体的・対話的で深い学びの実現」・「育成を目指す資質・能力（資質能力の三つの柱）」・「教科等を学ぶ意義（各教科等の特質に応じた「見方・考え方」）」・「教科等を越えた全ての学習の基盤として育まれ活用される資質・能力」・「現代的な諸課題に対応して求められる資質・能力」・「インクルーシブ教育システムの構築」といったキーワードが示された。「学びの地図」に関わっては、次のように記されている。

　　これからの学習指導要領等には、子供たちと教職員に向けて教育内容を定めるという役割のみならず、様々な立場から子供や学校に関わる全ての大人が幅広く共有し活用することによって、生涯にわたる学習とのつながりを見通しながら、子供たちの多様で質の高い学びを引き出すことができるよう、子供たちが身に付ける資質・能力や学ぶ内容など、学校教育における学習の全体像を分かりやすく見渡せる「学びの地図」としての役割を果たしていくことが期待されている[1]。

　学習指導要領等に期待される役割とは、「学校教育における学習の全体像を分かりやすく見渡せる『学びの地図』としての役割」であろうか。PISA調査を受けての2008・2009年改訂時の「言語活動の充実」に対しても、具体的な教育方法に学習指導要領が介入するべきなのかどうかが議論されたことは記憶に新しいであろう。今次改訂では、「コンテンツ・ベースからコンピ

テンシー・ベースへ」という世界的なスタンダード・ベースのカリキュラム改革に呼応する形で、「資質・能力」がキーワードとして注目されてきてもいる。しかしながら、「資質・能力の三つの柱」は学校教育法第30条第2項で規定されたいわゆる三つの「学力の構成要素」と対応するものとなっており、むしろ「学力」規定への整合性を強調した改訂だとも捉えることができよう。今次改訂にはこうした論点が多々散在しているとはいえ、学習指導要領等の役割を「教育内容を定めるという役割」にとどめないとする捉え方は、戦後の学習指導要領の性質を大きく変貌させる転換点にもなりえるだろう。こうした問題意識から、その転換点となりうるキーワード「学びの地図」を取りあげたのが本書である。

　本書全体を通じて発している「学びの地図」に対する応答を集約すれば、おおむね次のようになるだろう。すなわち、学習指導要領等が子どもたち自身の「学びの地図」を描くというよりも、「学びの地図」を描くのは子どもたち自身である、というものである。そのためには、学習集団の授業づくりにとりくむ我々自身が「大きな動きの地図」[2]を描く必要がある。それでは、「大きな動きの地図」のもとで学習集団づくりはどのように子どもたち自身の「学びの地図」を描いていくのであろうか。

　「地図」を描くために最も重要な要素の一つ目は、自分自身の「現在地」を知ることであろう。「10％引きを10円引きとして計算するつまずき」をしていたD男をすかさず「自分が納得するまで追求できる」と感じて指導案を修正した福田実践では、「倍」とは何かがわかっているようでわかっていない子どもたちの「学習の現在地」を明確にした（福田論文、90-92頁）。学習集団づくりの特質は、この「学習の現在地」を「関わり」の中で描いていくところにある。『モチモチの木』の豆太の気持ちを描く授業づくりに取り組みながら、児童Bが児童Aの頭の中を描こうとする契機を「AとBが関わるチャンス」と捉えていく玉城実践の「しなやかさ」と（玉城論文、78頁）、「呼びかけと応答」を組織してユキとナイトとの関わりから学習集団の地図を描き出していく永江実践でも（永江論文、59-62頁）、子どもたちの「学習と生活の現在地」が明確にされている。

　しかしながら「現在地」を知るだけでは、「地図」をもとに学習を進めていくことはできない。どこに向けてどのように進んでいくのかの「見通し」

とどんな学びを経てきたのかの「歴史」の蓄積（地図への書き込みと地図そのものの修正）が二つ目に必要となるのである。授業づくりにおける「見通し」は、教材研究と発問によって明確にされることは『学習集団研究の現在1』および本書の実践においてすでに周知の事実であるが、学習集団づくりには「関わり」を発展させていく「見通し」も重要である。福田実践で取りあげられている「話す力・聞く力10の階段」（福田論文、87頁）もその一つである。こうした「見通し」にもとづく実践の「歴史」は、「学級の歴史づくり」[3] や学級通信の取り組みをとおして子どもたち自身の「地図」に描かれていくことになる。この意味で学習集団づくりは、子どもたちの関わりを組織する「技術」を有する一方で、「子どもの実態・思い・願いへの思慮がシステムのなかにたしかに位置づけ」られる「子どもに開かれたカリキュラムマネジメント」（北川・樋口論文、29頁）をその思想として紡いできたといえよう。なお重要なことは、こうした取り組みは教職員集団と地域にとっても重要だという点である。

　学習集団としての質的発展の「見通し」を教職員集団の質的発展として構造化した久保田実践では（久保田論文、103-105頁）、「問い」・「ゆさぶり」・「指導的評価活動」というキーワードとともに教職員の「歴史」が「研修便り」としてフィードバックされ（久保田論文、112頁）、教職員自身の学びの現在地と見通しが示されている。「対立」と「分化」を呼び起こす発問を、校内研修でも想起しながら教職員集団を組織することは容易ではないが、「教育技術が飛躍的に向上するためには、教師の思想的なものや感覚的なものの向上が必要」（白石論文、19頁）である。久保田実践は、「教師が語るとは『他者に対して情理を尽くす』ことだという理路が血肉化するかどうか」（白石論文、19頁）を誠実に問うた実践であり、「まなざし」の意義を改めて提起した実践である。

　他方で「社会に開かれた学びの協働構想」に取り組んだ近藤実践では、「校長だより」の取り組みを媒介に学校の「歴史づくり」が言及される（近藤論文、130頁）。久保田実践でも近藤実践でも注目されるのは、子どもと教師の「固有名詞」に呼びかけながら、学習集団づくりの「見通し」が示され、その「歴史」が綴られている点である。こうした取り組みの一つ一つに通底しているのは、「子どもたちの多様なニーズへの応答に向け、教師の指導の多様さを

欠くことなく、教師が共同する」（吉田茂孝論文、50頁）という思想であろう。

　学習集団づくりの描く「学びの地図」は、「具体的人格として生きている個性を持った子どもたち」（庄井論文、139頁）、「教師の枠組みをこえる『他者』である子ども」（白石論文、11頁）との「対話」の中で描かれるものである。今次学習指導要領改訂の主眼とも指摘される高校教育改革は、近日告示される高等学校学習指導要領とともにどのように進められるのであろうか。学習集団づくりの描く「学びの地図」を敷衍すれば、「教えるべき教科（あるいは教科領域を横断する総合的な文化）の専門性が、臨床的な教育実践の創造とどう結びつくのか」（庄井論文、144頁）を絶えず問いながら、固有名の子どもと教師の描く「学びの地図」を実践の起点とすることになるだろう。こうした取り組みは例えば、事前・事後協議会でも生徒の固有名に言及しながら授業づくりの到達点と課題を取りあげる取り組みや、あるいは教科を越えた「三人一組」のチームで授業を見とりながら教科の特質を評価の重点項目に設定するような取り組みのように、いくつかの高等学校の教育実践研究にも見いだすことができる。「想像を絶する擾乱のなかを懸命に生きようとした子どもたちが、学校というもう一つの生活と学習の場で、生き直し、学び直すことができるような教育環境づくりとして始まった」（庄井論文、142頁）学習集団研究とその運動の思想は、今次学習指導要領改訂の種々のキーワードを読み解く「大きな動きの地図」のもとで、子どもと教師自身が描く「学びの地図」として確かに息づいている。

　「たしかに技術によって子どもは動く、しかし、思想とともに子どもは育つ」（深澤論文、115頁）という認識にたてば、本書で描かれる学習集団づくりの「学びの地図」における「技術」を今日的視座から抽出しつつも、その「思想」をこそ問い直す地図の描き方そのものが問われているといえよう。さらにその先に、「その向こう（集団指導研究の最前線の向こう —— 註：引用者）には、きわめて効果的な個人指導の解明が待っているのではないか」（大野論文、154頁）という指摘とともに、教科内容研究と集団指導研究とが子どもたち一人ひとりの固有名詞と生活台に響き、子どもたち自身が関わりを立ち上げる実践の構想へとつながっていくのではないだろうか。

　本書において描かれてきた学習集団づくりの「学びの地図」は、学習集団研究の「現在地」とその「見通し」の一端を示したに過ぎない。この地図を

より広く、より確かなものとして描いていく「歴史づくり」のために、読者諸氏の批判的で建設的な応答を賜れれば幸いである。

註

1）中央教育審議会答申「幼稚園、小学校、中学校、高等学校及び特別支援学校の学習指導要領等の改善及び必要な方策等について」（平成28年12月21日）、1頁。
2）中野和光「グローバル化時代の教育改革で求められる学習集団による授業」深澤広明・吉田成章責任編集『学習集団研究の現在Vol.1　いま求められる授業づくりの転換』溪水社、2016年、16頁。
3）山口隆・宮原順寛「子どもたちと達成感を共有する班づくり−『班』の再定義−」深澤・吉田、前掲書、79-80頁。

2018年2月　広島大学教育方法学研究室にて

（吉田　成章）

執筆者一覧（執筆順）

深澤　広明（ふかざわ　ひろあき）　広島大学

白石　陽一（しらいし　よういち）　熊本大学

北川　剛司（きたがわ　たけし）　奈良教育大学

樋口　裕介（ひぐち　ゆうすけ）　福岡教育大学

吉田　茂孝（よしだ　しげたか）　大阪教育大学

永江　隼人（ながえ　はやと）　宮崎県公立小学校

福田　敦志（ふくだ　あつし）　大阪教育大学

玉城　明子（たまき　あきこ）　大阪府公立小学校

森　久佳（もり　ひさよし）　大阪市立大学

福田　恒臣（ふくだ　つねおみ）　熊本県公立小学校

久保田みどり（くぼた　みどり）　広島県公立小学校

近藤　毅（こんどう　たけし）　広島県公立中学校

八木　秀文（やぎ　ひでふみ）　安田女子大学

庄井　良信（しょうい　よしのぶ）　北海道教育大学

大野　栄三（おおの　えいぞう）　北海道大学

吉田　成章（よしだ　なりあきら）　広島大学

学習集団研究の現在　Vol. 2

学習集団づくりが描く「学びの地図」

平成30年3月29日　発　行

編　者　深澤広明・吉田成章

発行所　株式会社　渓水社

広島市中区小町1-4（〒730-0041）

電話082-246-7909　FAX082-246-7876

e-mail: info@keisui.co.jp

URL: www.keisui.co.jp

ISBN978-4-86327-433-4　C3037